Tokipono

La lingvo de bono

Sonja Lang

Tradukis el la angla
Spencer van der Meulen

La originalan anglan eldonon kontrolis Christopher Huff (*jan Kowisi*), Matthew Chisholm (*jan Matejo*), Joop Kiefte (*jan Mimoku*), Michael Everson, Aaron Chapman (*jan Alono*), John Clifford (*jan Kipo*), Matthew Martin (*jan Mato*), Bryant J. Knight (*jan Pije*), Robert Warnke (*jan Lope*), Sam Brenner (*jan San*), Kobi Kai Calev (*jan Ka*), Nizar Habash (*jan Nisa*) kaj Paul Swift (*jan Po*).

La esperantan tradukon faris Spencer van der Meulen (*jan Pensa*), kaj ĝin provlegis Sonja Lang (*jan Sonja*), Stephan Schneider (*jan Tepan*), kaj Robin van der Vliet (*jan Lopin*). La antaŭparolon sur paĝo 9 tradukis Sonja Lang.

La bildstriojn sur paĝo 77 faris Russ Williams. La ilustraĵojn sur paĝo 105 faris Yara Hindawi. La kaligrafiaĵojn en *sitelen sitelen* sur paĝoj 78 ĝis 84 faris Jonathan Gabel.

La kantotekston *ale li pona* sur paĝo 95 verkis Joop Kiefte (*jan Mimoku*). La rakonton *jan lawa Oliki* verkis Eŭgeno (*soweli Elepanto*) surbaze de *Песнь о вещем Олеге* verkita de Aleksandr Puŝkin. La poemon *Ho, mia kor'* sur paĝo 98 verkis L. L. Zamenhof, kaj ĝian tradukon *a, pilin mi o* verkis Spencer van der Meulen (*jan Pensa*). La poemon *kiwen walo* sur paĝo 99 verkis *jan Kapilu*, kaj la tradukon sur paĝo 100 faris Spencer van der Meulen (*jan Pensa*), Kiah Morante (*jan Kaja*) kaj Sonja Lang (*jan Sonja*).

Bazita je la germana eldono de Julius Strake (*jan Juli*) el 2021.

ISBN: 978-94-6437-609-8

memore al

Rick Miller

(jan Wiko)

Enhavo

Antaŭparolo al la esperanta eldono

Meze de la jaro 2022, mi ĝojas finfine povi prezenti esperantan version de la unua oficiala libro de Tokipono, ok jarojn post la originala anglalingva eldono. Ĝi estas rezulto de delonga amikeco kaj reciproka intereso inter la anoj de Esperantujo kaj Tokiponujo.

Kvankam Tokipono ne estas esperantido, mi dirus, ke je pluraj flankoj ĝi estas preskaŭ kiel ido de Esperantujo. La lingvo estas kreita de esperantisto, kaj ŝi lasis klarajn spurojn de la lingvo internacia en sia eta kreaĵo. Krome, dum la plejmulto de ĉirkaŭ 20 jaroj da ĝisnuna historio de la lingvo, granda parto de novaj lernantoj de Tokipono estis esperantistoj, kiuj aŭdis pri la lingvo de aliaj esperantistoj. Ili multe kontribuis al la frua kresko de la lingvo. Amiko de mi iam duonŝerce rimarkis, ke Tokipono estis kvazaŭ minoritata lingvo de Esperantujo.

Post longa flegado de entuziasmaj esperantistoj, nuntempe la tokipona komunumo multe kreskas kaj maturiĝas, postlasis sian dependecon de la plej granda planlingvo, kaj iĝis kredeble la due plej uzata planlingvo en la interreto. En unu jaro la tokiponistaro kreas pli da rakontoj, poemoj, tradukoj, artaĵoj kaj muziko[1] ol ĉio, kio ekzistis en Tokipono, kiam la unua oficiala libro publikiĝis.

Kun tiu kresko de la komunumo venas ankaŭ plimaturiĝo de la lingvo mem. Ekzistas sufiĉe granda kerno da spertaj parolantoj, tiel ke nun eblas per diskutado kaj reciproka influo atingi nivelon de kompreno kaj sperto pri la lingvo, kiun neniu atingis antaŭe. Mi ofte vidas aplikojn de la lingvo, kiujn antaŭ nur kelkaj jaroj mi opiniis tute neeblaj en la limigoj de Tokipono.

---

[1] Ligiloj al kelkaj rekomendindaj ekzemploj de tiaj tokiponaĵoj estas troveblaj sur la oficiala retpaĝo de Tokipono: *https://tokipona.org*

Por dokumenti tiajn evoluojn Sonja Lang decidis eldoni duan oficialan libron de Tokipono en 2021, kies titolo estas *Toki Pona Dictionary* (tokipona nomo: *lipu ku*). En la komenca parto de la libro ŝi skribis:

> "Pasis sep jaroj ekde la eldono de la unua oficiala libro. Tokipono estas vivanta lingvo, do ankaŭ *Tokipono: La lingvo de bono* estu vivanta dokumento. Mi donu kelkajn klarigojn, korektojn kaj kritikojn."

En ĉi tiu eldono vi trovos ĉiujn tiujn rimarkojn de Sonja en piednotoj, markitaj per la vorto *ku* (kiu signifas "interagi kun la libro *Toki Pona Dictionary*").

Mi aldonis pli da "*ku*-a enhavo" al la libro, por ke esperantistoj ne maltrafu la plej bonajn partojn de la dua oficiala libro de Tokipono, kiu estas havebla nur en la angla. Sur paĝo 148 estas listo de la plej oftaj kaj konindaj vortoj el la vortara parto de *lipu ku*, kiuj ne estas instruitaj en ĉi tiu libro, kaj sur paĝo 99 estas unu el la du belaj originale tokiponaj poemoj, kiuj estas presitaj en la dua libro.

Mi ankaŭ verkis tokiponigon de fama zamenhofa poemo, kolektis du pliajn tekstojn verkitajn de esperantistaj tokiponistoj, kaj en kelkaj lokoj mi aldonis pli da klarigaj piednotoj, kiuj espereble estos utilaj aŭ interesaj al vi.

Mi esperas, ke ĉi tiu libro povu helpi vivteni longedaŭran amikecon inter la du planlingvaj komunumoj, al kiuj mi apartenas, kaj kiuj estas karaj al mi. Sed eĉ pli mi esperas, ke la ĉarma, eta lingvo de ĉi tiu libro povu doni ankaŭ al vi iom da amuziĝo kaj "poneco".

o pona!

jan Pensa

Antaŭparolo

Mi komencas per la nomo de Dio.

mi open lon nimi sewi.

Vi tenas la libron de Tokipono!

sina pu a!

Kial estas Tokipono? En la pasinteco, mi volis scii la sencon de ĉio per malmultaj vortoj.

toki pona li tan seme? tenpo pini la mi wile sona e kon ale kepeken nimi lili.

Mi kontemplis mian animon. Mi lernis multajn lingvojn. Mi amuziĝis. Mi kreis simplan sistemon de komunikado. Ĝi bonigis miajn pensojn.

mi lukin e kon mi. mi kama sona e toki mute. mi musi. mi pali e nasin toki lili. ona li pona e toki insa mi.

Mi eldonis mian lingveton al la publiko en retejo en la pasinteco. Eta komunumo aperis. Ĝi amas Tokiponon.

mi pana e toki lili mi tawa jan ale lon ilo lipu lon tenpo pini. kulupu lili li kama. ona li olin e toki pona.

Per ĉi tiu libro, mi esperas prezenti la finan formon de Tokipono. Ĉi tiel mi uzas Tokiponon.[2]

pu la mi wile pana e selo pini pi toki pona. nasin ni la mi kepeken toki pona.

Sonja

jan Sonja

[2] *ku:* Ĉi tiu libro servas kvazaŭ momentfoto kaj referenco pri la maniero, kiel unu grava homo uzis Tokiponon en unu grava tempopunkto. Ĉi tiu bazo venas kun la invito en leciono 19. "Jen via vico nun. Amuziĝu. Kreu, ludu, kaj estu *pona*!"

Kio estas Tokipono?

Simpla kaj natura

Multaj modernaj lingvoj estas plenplenaj je malsimplaj manieroj por esprimi la plej simplajn aferojn. Ĉu geologo ne estas simple "homo de tera scio"? Kaj ĉu ekzistas utila diferenco inter anglaj vortoj kiel "big", "large" kaj "huge"?

Tokipono estas lingvo, kiu dispecigas malsimplajn ideojn al siaj plej bazaj elementoj. Se oni malsatas, oni "volas manĝi". Instrui estas "doni scion". Tiel oni povas ege malmultigi la vortostokon kaj gramatikajn strukturojn, kiuj necesas por diri tion, kion oni volas diri.

Simpligu viajn pensojn. Malpli estas pli.

Koncepto

Tokipono estas semantike, leksike kaj fonetike minimumisma. La plej simplaj kaj la plej malmultaj partoj estas uzataj por atingi la plej grandan efikon. La tuta lingvo uzas nur 120 vortojn kaj 14 literojn de la alfabeto.

Ĉiu vorto estas zorge elektita por kovri larĝan kampon de signifoj. Ekzemple, *kili* signifas iun ajn frukton aŭ legomon, inkluzive de rapoj, kumkvatoj, kaj eĉ beroj de ruĝa vakcinio. *lipu* povas esti ĉia ajn dokumento, ĉu presita libro, poŝtkarto aŭ argiltabulo. *jan* povas referi al ĉia ajn persono, sendepende de tio, ĉu tiu estas islamano aŭ ateisto, nigrulo aŭ blankulo, riĉulo aŭ malriĉulo.

Je multaj flankoj Tokipono similas al piĝina lingvo. Kiam homoj el malsamaj kulturoj devas interkomuniki, ili devas atenti la elementojn, kiuj estas plej universalaj en la homa spertaro.

Tokipono prezentas vojon por semantika plisimpligo. Same kiel oni povas skribi la matematikan frakcion 4/8 ankaŭ kiel 1/2, oni povas rafini siajn pensojn al la plej bazaj unuoj por eltrovi la veran signifon de aferoj. Oni povas kompreni malsimplajn ideojn laŭ la malgrandaj partoj, el kiuj ili konsistas.

Ĉie en la lingvo rimarkeblas fundamenta ideo de boneco. La esprimo por amiko signifas laŭvorte “bona homo”. Feliĉo estas “bona sento”. *toki pona* mem signifas “bona lingvo” aŭ “simpla lingvo”.

Kvankam la vortostoko kaj gramatiko estas tre simplaj, la lingvo ja havas kelkajn esencajn sintaksajn regulojn por kunteni frazojn. Ekzemple, la partikulo *li* apartigas la subjekton disde la verbo.

Limigoj

Pro tio, ke Tokipono estas tiel ĝenerala kaj malpreciza, la lingvo ofte ne kapablas distingi pli subtilajn nuancojn de signifoj. Ekzemple, oni esprimas ĉiajn speciojn de birdoj per la sama vorto *waso*, kio forigas la neceson de centoj da vortoj en la vortostoko. Tamen, pro tio oni ankaŭ ne plu kapablas distingi inter agloj kaj kokoj. La plej proksimaj tradukoj povus eble esti "forta birdo" (*waso wawa*) kaj "malsprita birdo" (*waso nasa*).[3]

Tokipono havas sufiĉe mallarĝan kampon de utiloj. Kvankam estas tre facile mediti kaj komuniki honestajn pensojn kaj ĉiutagaĵojn en Tokipono, ne eblas traduki kemian lernolibron aŭ leĝan dokumenton al la lingvo sen grandaj perdoj. Tiaj tekstoj estas produktoj de la kompleksa moderna socio, en kiu ni vivas, kaj ili ne taŭgas por ĉarma lingveto kiel Tokipono.

Kiel arta lingvo kun limigita esprimkapablo, Tokipono ne strebas esprimi ĉiujn etajn erojn kaj nuancojn de homa komunikado. Sed malgraŭ tio, la rezultoj atingeblaj per tiom malmultaj elementoj montriĝas tre interesaj, aŭ eĉ spirite komprenigaj.

Se nacia lingvo kiel la angla estas kiel dika romano, Tokipono estas kiel hajko.

---

[3]Noto de la tradukinto: Krom la ĉi tie menciitaj tradukoj, *Toki Pona Dictionary* proponas ankaŭ *waso alasa* ("ĉasanta birdo") por aglo, kaj *waso moku* ("manĝaĵa birdo") kaj *waso pi pana sike* ("glob-dona (ov-dona) birdo") por koko.

Avantaĝoj

Se oni ekzercas sian menson per pensado en Tokipono, tio povas doni pli profundajn komprenojn. Se multaj problemoj en la vivo fontas el nia troa pensado, Tokipono povas forfiltri la bruon kaj montri al la kerno de aferoj. Multajn el ĉi tiuj principoj inspiris la Daŭdeĝingo, kiu instruas "Ĉu vi kapablas inklinigi vian menson ĉesi vagadi kaj sekvi la originalan Unuecon?"

Ekzemple, kio estas "malbona amiko"? La tokipona esprimo por amiko estas *jan pona*, laŭvorte "bona homo". Oni rapide konscias, ke malbona amiko estas memkontraŭdiro. Aliekzemple, la vorto *wile* signifas kaj "bezoni" kaj "voli". Tio helpas al oni kongruigi siajn dezirojn kun siaj efektivaj bezonoj.

Tokipono estas tre dependa de kunteksto. Laŭ la vidpunkto de pasaĝero, aŭto povus esti *tomo tawa* (moviĝanta ĉambro). La stiranto eble vidus ĝin kiel *ilo tawa* (moviĝilo). Se vi transiras la straton kaj - bum! - aŭto trafas vin, ĝi povus esti *kiwen tawa* (moviĝanta malmolaĵo).

Parolantoj kaj aŭskultantoj komprenas la signifon de vorto per ĝia kunteksto. Tokipono instigas al plenatenteco. Iĝu tute konscia pri la nuna momento.

Parto 1
Lecionoj

Leciono 1: Literoj kaj sonoj

Tokipono uzas nur 14 literojn de la alfabeto.

a e i j k l m n o p s t u w

Vokaloj

Estas kvin vokaloj, kiujn oni elparolas same kiel en Esperanto.

skribmaniero	fonetika simbolo (por lingvistoj)
a	[ä]
e	[e̞]
i	[i]
o	[o̞]
u	[u]

Konsonantoj

Tokipono havas naŭ konsonantojn. La literoj *p t k m n s l j* sonas same kiel en Esperanto. La tokipona litero *w* sonas kiel ŭ, sed malkiel en Esperanto ĝi aperas nur je la komenco de silabo.

Tokipono estas pardonema lingvo. Pro tio, ke ĝi havas nur malmultajn sonojn, la lango povas esti pli libera. Ekzemple, se iu dirus *dogi* anstataŭ *toki*, la elparolo daŭre estus akceptebla.

Oni ĉiam akcentas la unuan silabon de la vorto. Elparolu tiun silabon iomete pli laŭte, pli longe, aŭ per iomete pli alta tono. Atentu pri tio, ke la akcento estas malsama ol en Esperanto, se vorto havas pli ol du silaboj. Ekzemple, oni elparolas la vorton *kalama* kiel "KA-la-ma", kaj ne kiel "ka-LA-ma".

Oni skribas tokiponajn vortojn per minuskloj (malgrandaj formoj de literoj), eĉ je la komenco de frazo.

Ekzercoj

Voĉlegu ĉi tiujn vortojn. Se vi parolas la anglan, eble vi povas diveni, de kiuj anglaj vortoj ili devenas.

1. *jelo*
2. *jaki*
3. *ken*
4. *mun*
5. *mani*
6. *wan*

Voĉlegu ankaŭ la sekvajn vortojn. De kiuj esperantaj vortoj ili devenas?

a. *tenpo*
b. *ijo*
c. *suno*
ĉ. *tomo*
d. *selo*
e. *pona*

La solvoj troveblas sur paĝo 69.

Leciono 2: Vortoj kaj frazoj

Vortoj

SUBSTANTIVOJ [4]

ijo	io, objekto, afero, estaĵo
jan	persono, homo
kili	frukto, legomo
lipu	dokumento
meli	virino, ino
ni	ĉi tio, tio
soweli	besto, surtera mamulo

Gramatiko

Substantivo estas vorto por persono, loko, objekto aŭ afero. En Esperanto substantivoj havas la finaĵon "-o".

En Tokipono oni povas fari simplan frazon per tiu ĉi modelo:

> SUBSTANTIVO + *li* + SUBSTANTIVO.
> *ijo li ijo.*
> Io estas io.

[4] *ku:* La libro instruas vortojn per vortospecoj kaj ekzemplaj tradukoj, kiuj estas facile rekoneblaj por lernantoj, kiuj parolas Esperanton, ekz. substantivoj, adjektivoj, verboj. Pli profunda analizo de Tokipono malkovras, ke modelo kun enhavovortoj kaj partikuloj (inter aliaj) povus esti pli taŭga aŭ ekzakta. Por unu tia ekzemplo (anglalingva), serĉu "Toki Pona Analysis: Parts of Speech" de u/pisceyo (kala kala) en Reddit.

Memstara substantivo ne estas singulara aŭ plurala. La vorto *meli* povas signifi kaj "virino" kaj "virinoj".

Tokipono ne uzas artikolojn kiel la esperanta vorto "la". La vorto *jan* povas signifi kaj "persono" kaj "la persono", depende de la situacio.

Ekzemploj

1. *ni li jan.*
   Tio estas persono.
2. *ni li kili.*
   Jen banano.
3. *lipu li ijo.*
   Libro estas objekto.
4. *jan li meli.*
   La persono estas virino.
5. *soweli li ijo.*
   Bestoj estas estaĵoj.
6. *meli li jan.*
   Virinoj estas homoj.

Traduku

1. Io estas io.
2. Tio estas libro.

3. La virino estas persono.
4. Homoj estas estaĵoj.
5. La urso estas ino.
6. Fragoj estas objektoj.
7. Jen peco da papero.

La solvoj troveblas sur paĝo 69.

Leciono 3: Substantivoj kaj adjektivoj

Vortoj

SUBSTANTIVOJ

telo	akvo, likvo
tomo	domo, konstruaĵo, ĉambro

ADJEKTIVOJ

lili	malgranda
pona	bona, simpla, amika, afabla
suli	granda

Gramatiko

Adjektivo estas vorto, kiu priskribas substantivon. En Esperanto adjektivoj havas la finaĵon "-a". Ĉi tio povas esti kompleta frazo:

> SUBSTANTIVO + *li* + ADJEKTIVO.
> *ijo li pona.*
> Io estas bona.

Oni povas ankaŭ aldoni adjektivon post substantivo por priskribi ĝin. En Tokipono la substantivo estu unua: ĝi estas tio, pri kio ni parolas. La adjektivo estu dua: ĝi donas pli specifajn informojn pri la substantivo.

SUBSTANTIVO + ADJEKTIVO

tomo suli "granda domo" palaco	*jan pona* "bona homo" amiko
meli lili "malgranda virino" knabino	*telo suli* "granda akvo" maro

Atentu pri tio, ke ne estas libera vortordo, kaj ke la sinsekvo de adjektivoj estas inversa kompare kun la plej ofta sinsekvo en Esperanto. Ofte okazas, ke eblas traduki du tokiponajn vortojn per nur unu vorto en Esperanto.

Oni povas ankaŭ uzi duan substantivon, kiu rolas kiel adjektivo. Tio estas simila al ŝanĝi la finaĵon "-o" al "-a" en Esperanto, aŭ uzi la vorton "de".

SUBSTANTIVO + SUBSTANTIVO

lipu soweli "besta libro"	*tomo meli* "domo de virino"

Ekzemploj

1. *telo li pona.*
   Akvo bonas.
2. *telo kili li suli.*
   La suko ("frukta likvo") estas granda
3. *meli li lili.*
   La virino estas malgranda.
4. *soweli lili li pona.*
   La malgranda besto estas afabla.
5. *jan ni li suli.*
   Tiu persono estas alta.

Traduku

1. La ina besto estas afabla.
2. Tio estas amiko.
3. La banĉambro ("akva ĉambro") estas malgranda.
4. Jen katido ("malgranda besto").
5. La bebo ("malgranda homo") estas ina.
6. La grandaj libroj bonas.
7. La frukto estas akvomelono.

La solvoj troveblas sur paĝo 69.

Leciono 4: Vi kaj mi

Vortoj

SUBSTANTIVOJ

mi	mi, ni [5]
mije	viro [6]
sina	vi
kulupu	komunumo

ADJEKTIVOJ

sin	nova, aldona, freŝa
wawa	forta, memfida, fidinda

Gramatiko

La vortoj *mi* ("mi, ni") kaj *sina* ("vi") estas specialaj. Kiam nur *mi* aŭ *sina* estas uzata kiel la subjekto, oni ne uzas *li* post ĝi.

mi mije.	*sina sin.*
Mi estas viro.	Vi estas nova.

[5] *ku:* Ĉi tie la vorto *mi* estas prezentita kun la signifo "mi, ni". Mi ŝatus substreki, ke singulareco ne estas la normo en Tokipono.

[6] *ku:* Ĉi tie la libro jam instruis la vortojn *meli* kaj *mije*. La tokipona komunumo aldone kreis trian vorton, *tonsi*, kaj mi subtenas ĝin. Vidu ĝian difinon en la aldonaĵo (*nimi ku suli pi pu ala*) sur paĝo 148.

Oni povas uzi ilin kiel adjektivojn por doni informojn pri substantivo:

tomo mi	*kulupu sina*
mia hejmo	via komunumo

Ekzemploj

1. *tomo sina li sin.*
   Via domo estas nova.
2. *mije li jan pona.*
   La viro estas amiko.
3. *tomo soweli li lili.*
   La domo de la hundo estas malgranda.
4. *sina mije wawa.*
   Vi estas memfida viro.
5. *kulupu sin li wawa.*
   La nova komunumo estas forta.
6. *ni li lipu sina.*
   Jen via libro.

Traduku

1. Vi estas forta.
2. Jen mia citrono.
3. Freŝa akvo estas bona afero.

4. La biblioteko (“libra ĉambro”) estas nova.
5. Mia komunumo estas granda.
6. Mia edzo (“mia viro”) estas forta.
7. Vi estas alta virino.

La solvoj troveblas sur paĝo 69.

Leciono 5: Verboj

Vortoj

VERBOJ

jo	havi, enhavi, porti
kute	aŭskulti, obei[7]
moku	manĝi, trinki
pali	fari, krei, prilabori
sona	scii, koni
toki	paroli, diri, komuniki

Gramatiko

Verbo estas vorto, kiu priskribas agon faritan al substantivo.[8] Por fari frazon kun verbo, sekvu ĉi tiun modelon:

> SUBSTANTIVO + *li* + VERBO + *e* + SUBSTANTIVO.
> *ijo li pali e ijo.*
> Io faras ion.

---

[7] *ku:* La vorto *kute* ja povas signifi obei, sed ankaŭ aliaj perceptaj verboj kiel *lukin* povas esti uzataj por obei, ekzemple se oni komunikis la ordonojn per vidaj rimedoj (ekz. per skribaĵo aŭ mansignoj).

[8] Noto de la tradukinto: Gramatike spertaj legantoj eble rimarkis, ke en ĉi tiu libro la vorto "verbo" ofte referas specife al transitivaj verboj. (En Tokipono tio estas vorto, kies signifo ne ŝanĝiĝas, se oni metas *e* post ĝi.) Vidu ankaŭ mian noton pri netransitivaj verboj en la sekva leciono, sur paĝo 33.

En Tokipono verboj ne indikas specifan tempon. La ago povas okazi en la pasinteco, la nuntempo aŭ la estonteco.

mi moku e telo.
Mi trinkis akvon. Mi trinkas akvon. Mi trinkos akvon.

Oni povas ellasi la objekton de verbo aŭ uzi la vorton *ijo* kiel plenigan vorton.

mije li sona.	*mije li sona e ijo.*
La viro scias.	La viro scias aferojn.

Ĉiu verbo povas iĝi substantivo:

toki

VERBO	paroli, diri
SUBSTANTIVO	io dirita, t.e. diraĵo, lingvo; la ago paroli, parolado

moku

VERBO	manĝi
SUBSTANTIVO	io, kion oni manĝas, t.e. manĝaĵo; la ago manĝi, manĝado

Ĉiu verbo povas ankaŭ iĝi adjektivo. Ekzemple, *jan sona* estas persono kiu scias, aŭ multescia homo. Ĉambro por manĝi estas *tomo moku.*

Ekzemploj

1. *mi sona e toki pona.*
   Mi scias simplan lingvon.
2. *mije ni li jan toki.*
   Tiu viro estas mesaĝisto.
3. *soweli suli li moku e sina.*
   Granda besto manĝas vin.
4. *lipu kulupu li wawa.*
   La libro de la komunumo estas fidinda.
5. *sina pali e moku sin.*
   Vi faris novan manĝaĵon.
6. *jan sona li kute.*
   Saĝuloj aŭskultas.
7. *tomo sona li jo e lipu.*
   La lernejo havas librojn.

Traduku

1. Mi aŭskultos vin.
2. La oranĝo enhavas likvon.
3. La komunumo konstruas manĝejon.
4. La laboranto havas iomete da scio.
5. La amikoj manĝis viandon.

6. La virino obeis la viron.
7. La grupeto havas novan lingvon.

La solvoj troveblas sur paĝo 70.

Leciono 6: Pli da adjektivoj

Vortoj

ADJEKTIVOJ

ala	ne, neniu, nul
ike	malbona, negativa
mute	multaj, tre
pu	interaganta kun la oficiala tokipona libro [9]
sewi	sankta, dia
wan	unu, unueca

SUBSTANTIVO

mama	patro, patrino, gepatroj

Gramatiko

Oni povas ankaŭ uzi adjektivon tuj post verbo por modifi ĝin.

mi moku ala e soweli.	*mi toki pona e ijo.*
Mi ne manĝas bestojn.	Ni bone komunikas aferojn.

[9] *ku:* Pli precize, la vorto *pu* priskribas rilaton kaj interagon inter persono (*jan pu*) kaj la libro (*lipu pu*). En malformala uzado, iuj uzas la vorton *pu* kiel nomon de la libro mem aŭ por la variaĵo de Tokipono, kiun ĝi prezentas.

Adjektivo povas ankaŭ modifi alian adjektivon.

pona mute	*wawa lili*
tre bona	iomete forta

Ĉiu adjektivo povas iĝi substantivo:

sewi

ADJEKTIVO sankta, dia

SUBSTANTIVO tio kio estas dia, t.e. Dio

ala

ADJEKTIVO ne

SUBSTANTIVO tio kio ne estas, t.e. nenio, nenieco

Ĉiu adjektivo povas iĝi verbo (transitiva):

pona

ADJEKTIVO bona

VERBO bonigi, plibonigi

suli

ADJEKTIVO granda

VERBO grandigi, pligrandigi

Noto de la tradukinto: Tokipona gramatiko ne distingas inter adjektivoj, adverboj kaj netransitivaj verboj. Tial en la vortlistoj en ĉi tiu libro la vortoj, kiujn oni kutime tradukas per netransitivaj verboj, estas markitaj kiel adjektivoj kaj havas tradukojn, kiuj finiĝas je "-anta". Ekzemple, *mi lape* ("mi dormas") estas analizebla kiel "mi estas dormanta".

Ekzemploj

1. *pali sina li pona mute.*
   Via laboro estas tre bona.

2. *telo li wawa e mi.*
   Akvo plifortigas min.

3. *jan sona li pu.*
   La kleruloj konsultas la tokiponan libron.

4. *meli lili li kute ike e mama.*
   La knabinoj misaŭdis la gepatrojn.

5. *sewi li wan.*
   Dio estas Unu.

6. *jan ala li ike.*
   Neniu estas malbona.

7. *mama mije li pu mute.*
   Patroj multe uzas la tokiponan libron.

Traduku

1. Unueco estas bona.
2. Mi aŭdis la oceanon.
3. Mi iomete scias Tokiponon.
4. La sankta libro enhavas scion.
5. La granda komunumo estos unueca.

6. La viro ne manĝas malbonajn fruktojn.
7. Manĝado plialtigas min.

La solvoj troveblas sur paĝo 70.

Leciono 7: Demandoj kaj respondoj

Vortoj

SUBSTANTIVOJ

ilo	ilo
kala	fiŝo
ona	li, ŝi, (ri,) ĝi, ili

PARTIKULOJ

anu	aŭ
seme	kio? kiu?

Gramatiko

Por fari kio-demandon, uzu normalan frazon. Metu la vorton *seme* en la lokon, kie vi volas scii ion. Ne ŝanĝu la sinsekvon de la vortoj en la frazo.

seme li sin?	*jan seme li toki?*
Kio novas?	Kiu persono parolas?

Ekzistas du manieroj por fari jes/ne-an ĉu-demandon.[10] La unua estas meti la esprimon *anu seme* je la fino.

sina pu anu seme?
Ĉu vi tuŝis la oficialan tokiponan libron?

La alia maniero estas ripeti la vorton, kiu estas uzata kiel verbo, kaj meti *ala* en la mezon.

ona li mama ala mama?
Ĉu ŝi estas patrino?

Por respondi jese, ripetu la verbon.

mama.
Jes.

Por respondi nee, ripetu la verbon kun *ala* aŭ uzu nur *ala*.

mama ala.	*ala.*
Ne.	Ne.

[10]*ku*: Kelkaj homoj faras ĉu-demandojn per nur intonacio, sen aldoni *anu seme* aŭ uzi la *ala*-metodon. Kvankam tio povas okazi spontanee en kelkaj situacioj, mi ne rekomendus tion kiel la ĉefan manieron por fari ĉu-demandojn, aparte se oni skribas.
Aldone al la metodo ripeti la verbon por diri "jes", oni ankaŭ tre ofte aŭdas "lon" kun la signifo "jes, tio estas vera".

Ekzemploj

1. *ona li jo ala jo e kili mute?*
   Ĉu li havas multajn legomojn?
2. *jo.*
   Jes.
3. *mije sona li jo e kala anu seme?*
   Ĉu la saĝa viro havas fiŝon?
4. *sina seme e ona?*
   Kion vi faras al ŝi?
5. *tomo li jo e ilo toki.*
   La ĉambro enhavas telefonon.
6. *sina kute ala kute e mama sina?*
   Ĉu vi obeas viajn gepatrojn?
7. *kala wawa li moku e seme?*
   Kion manĝas ŝarko?

Traduku

1. Kiujn ilojn vi havas?
2. Ĉu li aŭskultas?
3. Ĉu la unueca komunumo legas la oficialan tokiponan libron?
4. Kion ni faras?
5. Ĉu fiŝoj trinkas akvon?
6. Ĉu la kulero estas malgranda?
7. Mi aŭdas viron aŭ virinon.

La solvoj troveblas sur paĝo 70.

Leciono 8: Prepozicioj

Vortoj

VERBOJ

pana	doni

PREPOZICIOJ

tawa	al, por, iranta al
lon	ĉe, kun, en; ĉeesti
kepeken[11]	per
tan	el, pro

Gramatiko

Prepozicioj ofte enkondukas novan substantivon.

[11]*ku:* En fruaj jaroj de tokipona historio, oni uzis *kepeken* kaj kiel prepozicion (sen *e*) kaj kiel transitivan verbon (kun *e*). Poste iuj provis fari tiel, ke *kepeken* estu uzata nur kiel prepozicio, t.e. sen *e*. Nuntempe iuj homoj uzas *kepeken e*, kvankam la plejmulto uzas *kepeken* nur kiel prepozicion. Povas esti, ke ambaŭ metodoj havas siajn avantaĝojn.

Prepozicia stilo:

o kepeken ala ilo ike. aŭ *o kepeken ilo ike ala.*

Transitivverba stilo:

o kepeken ala e ilo ike. aŭ *o kepeken e ilo ike ala.*

Multaj parolantoj uzas prepoziciojn ankaŭ kiel substantivojn. Ekzemple:

mi sona ala e tan.	Mi ne scias la kialon.
mi toki e lon.	Mi diras la veron.

Oni povas uzi substantivon je la fino de frazo:

mi pana e kala tawa ona.
Mi donas fiŝon al ŝi.

mi pana e kala lon tomo.
Mi donas fiŝon en la domo.

mi pana e kala tawa ona lon tomo.
Mi donas fiŝon al ŝi en la domo.

Frazo povas ankaŭ havi prepozicion sen normala verbo:

mi lon tomo.
Mi estas en la domo.

mi tawa sina.
Mi moviĝas al vi.

Ekzemploj

1. *mama mi li tawa telo suli.*
   Mia patro iras al la maro.
2. *mi pali mute tan ni.*
   Mi multe laboras pro tio.
3. *mi toki lon toki pona.*
   Mi parolas en Tokipono.[12]
4. *soweli lili li pona tawa mi.*
   Etaj bestoj plaĉas al mi.

---

[12] *ku*: Mi mem uzas la prepozicion *lon* en tre larĝa signifo. Oni povus esprimi la ekzemplon *mi toki lon toki pona* ankaŭ per *mi toki kepeken toki pona*, kaj multaj tokiponaj parolantoj preferas tion. Mi mem uzas *lon* ankaŭ, kiam mi parolas "pri" io: *mi toki lon kili.* Mi parolas pri karotoj.

5. *kulupu pali li kepeken seme?*
   Kion uzas la laborgrupo?
6. *mi sona e toki mute tan meli ni.*
   Mi scias multajn lingvojn pro tiu virino.
7. *mije sin li lon tomo telo anu seme?*
   Ĉu la nova viro estas en la banĉambro?

Traduku

1. Mi uzas Tokiponon.
2. Li donas objektojn el sia domo.
3. La legomoj ne estas malbonaj.
4. La laboranto uzas ilojn.
5. Mi ĉeestas.
6. La parolanto donis scion al la aŭskultanto.
7. Kial vi faris tion?

La solvoj troveblas sur paĝo 70.

Leciono 9: Propraj nomoj

Vortoj

SUBSTANTIVOJ

ma	tero, lando
nasin	maniero, vojo
nena	monteto, elstaraĵo
nimi	nomo, vorto

VERBOJ

utala	batali

Gramatiko

Oni skribas alilingvajn vortojn, kiel la unikaj nomoj de homoj kaj lokoj, laŭ la sonreguloj de Tokipono:

1. Ĉiu silabo havas konsonanton kaj vokalon, kaj eventuale la literon *n* fine.
2. La unua silabo de vorto ne bezonas komenciĝi per konsonanto.
3. La silaboj *ti* kaj *tin* iĝas *si* kaj *sin*.
4. La konsonanto *w* ne povas aperi antaŭ *o* aŭ *u*.
5. La konsonanto *j* ne povas aperi antaŭ *i*.

Propraj nomoj kondutas kiel adjektivoj. Uzu ilin post substantivo, kiu priskribas ilin. Ekzemple, *ma tomo* ("doma lando") estas urbo, kaj *ma tomo Isanpu* estas Istanbulo. La akcento daŭre estas je la unua silabo.

Ekzemploj

1. *nimi mi li Apu.*
   Mia nomo estas Apu.
2. *ma Apika li jo e jan mute.*
   Afriko enhavas multajn homojn.
3. *meli Sonko li tawa nasin Kuwin.*
   La ĉina virino iras al Queen Street.[13]
4. *jan Epawan Linkan li tan ma Mewika.*
   Abraham Lincoln estis el Usono.
5. *ma tomo Pelin li lon ma Tosi.*
   Berlino estas en Germanio.
6. *sina sona ala sona e toki Inli?*
   Ĉu vi scias la anglan?
7. *nena sewi Kepelitepe li lon ma Tuki.*
   La sankteja monto Göbekli Tepe estas en Turkio.

[13]*ku:* Por "ĉina virino" multaj homoj opinias, ke estas pli klare diri *meli pi ma Sonko* aŭ *meli tan ma Sonko* aŭ *meli pi kulupu Sonko.* Tio evitas, ke oni miskomprenus ĝin kiel "virino, kiu nomiĝas Sonko", ĉar la ĉefa interpreto de "[substantivo] [Nomo]" estas "[substantivo], kiu nomiĝas [Nomo]".

Traduku

1. Sinjoro Sulu batalas kontraŭ malbonulo.
2. Ĉu vi estas el Germanio?
3. Ĉinio estas tre granda.
4. La lago Titikaka estas en Peruo.
5. La afrika komunumo uzas multajn lingvojn.
6. Mi iras al Anglio.
7. Kiu estas via nomo?

La solvoj troveblas sur paĝo 71.

Leciono 10: Salutoj kaj sentoj

Vortoj

PARTIKULOJ

a	emocia vorto
mu	bleko, besta sono
o	voko aŭ ordono

ADJEKTIVOJ

pilin	sentanta sin

Gramatiko

Por saluti iun, eblas diri:

toki!
Saluton!

kama pona!
Bonvenon!

pona tawa sina!
Pacon al vi!

seme li sin?
Kio novas?

Por diri "ĝis la revido", tiu, kiu foriras, povas diri:

mi tawa.
Mi iras.

Tiu, kiu restas, povas respondi:

tawa pona.
Bonan iradon!

Rimarku, ke ĉi tiaj esprimoj kaj salutoj ofte ne estas plenaj frazoj.

La partikulo *a* aldonas emocion aŭ emfazon. Oni povas uzi ĝin:

1. memstare,
2. je la fino de frazo, aŭ
3. je la fino de substantiva vortogrupo.

La partikulo *o* havas tri uzmanierojn:

1. post substantiva vortogrupo, por indiki iun, kiu estas vokata aŭ alparolata,
2. antaŭ verbo por esprimi ordonon aŭ peton,
3. post subjekto (anstataŭ *li*) por esprimi volon aŭ deziron.

Ekzemploj

1. *o toki ala. o pali.*
   Ne parolu. Agu.

2. *jan Lutowi o, ni li soweli sina anu seme?*
   He, Ludoviko, ĉu tio estas via gerbilo?

3. *o moku ala e kili mi.*
   Bonvolu ne manĝi mian karoton.

4. *sina pilin ike tan seme?*
   Kial vi malĝojas?

5. *sewi o pana e pona tawa mi.*
   Ho Dio, donu bonon al mi.

6. *o kute e mama sina.*
   Obeu viajn gepatrojn.

7. *sina suli a!*
   Vi estas tiel alta!

8. *pona!*
   Dankon!

9. *mi o moku e ijo pona.*
   Mi manĝu bonaĵojn.

Traduku

1. Lisa estas feliĉa.
2. Ha ha ha!
3. Miaŭ!
4. Donu la ilon al mi.

5. Iru al via ĉambro.
6. Ho, Kanado havas multajn fiŝojn!
7. Ali, estu forta.

La solvoj troveblas sur paĝo 71.

Leciono 11: *pi*

Vortoj

SUBSTANTIVOJ

kasi	planto
sijelo	korpo, fizika stato
suno	suno, lumo
tenpo	tempo

ADJEKTIVOJ

awen	atendanta, gardata, restanta
tawa	moviĝanta

PARTIKULOJ [14]

pi	de

[14]*ku:* Kvankam la partikulo *pi* ĉi tie havas la tradukon "de", estus pli precize dirite, ke *pi* aligrupigas modifilojn. Kiel la ekzemploj montras, ĝi ne kondutas ekzakte same kiel la esperanta vorto "de". Eble povus esti utile kompari la konduton de *pi* al kunmetado en Esperanto. Ekzemple, komparu:

pali jan wan	unu persona projekto (unu projekto de iu homo)
pali pi jan wan	unupersona projekto (projekto farita de unu homo)
waso kule tu	du buntaj birdoj
waso pi kule tu	dukolora birdo

Cetere, ekzistas tute alia uzmaniero de *pi*, laŭ la strukturo *A pi B en C*. Ĝi estas tre malnova uzmaniero de *pi*, kiun kelkaj daŭre uzas. Tamen, multaj parolantoj malŝatas uzi ĝin. Ekzemple, *linja pi ma en sewi* estas unu maniero por diri "horizonto", kaj *musi pi kiwen walo en kiwen pimeja* estas unu maniero por diri "ŝako".

Gramatiko

Ni jam scias, ke en substantivaj vortogrupoj la dua vorto priskribas aŭ modifas la unuan.

jan pona	*mije sona*
bona persono	scianta viro

Kiam oni aldonas plian vorton al la substantiva vortogrupo, ĝi priskribas la tuton de ĉiuj antaŭaj vortoj.

jan pona mute	*mije sona lili*
multaj bonaj personoj	malalta scianta viro

Oni uzas la partikulon *pi* por apartigi duan substantivan grupon, kiu priskribas la unuan substantivan grupon.

jan pi pona mute	*mije pi sona lili*
persono de multa bono (bonega persono)	viro de malmulta scio

Ekzemploj

1. *tenpo suno ni li pona mute tawa mi.*
   Hodiaŭ bonegas al mi.
2. *meli lili pi sijelo pona li telo e kasi.*
   La sana knabino akvumas la plantojn.
3. *mije pi pilin pona li pali e ilo tenpo suno.*
   La ĝoja viro konstruas sunhorloĝon.

4. *mama mama mi li lili.*
   Miaj geavoj estas malaltaj.
5. *sina mute li jo ala jo e tomo tawa?*
   Ĉu vi ĉiuj havas veturilon?
6. *o awen lon tenpo pi suli mute.*
   Atendu tre longan tempon.
7. *jan sona pi toki pona li pu lon tenpo mute.*
   La tokipona klerulo ofte konsultas la oficialan libron.[15]

Traduku

1. Mi feliĉas en ŝia ĝardeno.
2. La tokipona komunumo donas multajn aferojn.
3. Kvak!
4. Ĉi tiu batalejo estas malgranda.
5. Fortkorpaj viroj atendis.
6. La suno donas utilon al la plantoj.
7. Ne uzu malbonajn ilojn.

La solvoj troveblas sur paĝo 71.

[15] *ku:* Ĉi tiu proverba tokipona klerulo atentu ankaŭ la uzadon en la tokipona komunumo.

Leciono 12: Nombroj

Gramatiko

La plej simpla nombrosistemo en Tokipono uzas kvin simplajn adjektivojn. Jen ili, kun ekzemploj.

0	*ala*	*kili ala*	neniu mango
1	*wan*	*mije wan*	unu viro
2	*tu*	*tomo tu*	du domoj
3+	*mute*	*soweli mute*	ses meloj, multaj meloj
∞	*ale*	*jan ale*	nenombreble multaj personoj, ĉiuj

Se vi bezonas pli kompleksan kaj precizan nombrosistemon, uzu ĉi tiujn nombrovortojn kiel partikulojn:

1	*wan*	20	*mute*
2	*tu*	100	*ale*
5	*luka*		

Aldonu ilin unu post la alia.

1	*wan*
2	*tu*
3	*tu wan*
4	*tu tu*
5	*luka*
6	*luka wan*

7	*luka tu*
8	*luka tu wan*
9	*luka tu tu*
10	*luka luka*
13	*luka luka tu wan*
78	*mute mute mute luka luka luka tu wan*
102	*ale tu*

Por ordaj nombroj (kiuj montras pozicion en vicordo), aldonu la partikulon *nanpa* antaŭ la nombron.

toki nanpa wan	*tomo nanpa mute tu wan*
la unua lingvo	la 23-a domo

Traduku

1. Vi estas la unua!
2. Ĉi tio estas la kvara tago.
3. La du knaboj gardis dek unu plantojn.
4. La nova domo de la malalta batalisto estas bonega.
5. Kio estas la kvina objekto?
6. Mi scias kvar lingvojn.
7. Ĉiuj aŭskultas ŝin.

La solvoj troveblas sur paĝo 71.

Leciono 13: Antaŭverboj

Vortoj

ANTAŬVERBOJ [16]

kama	iĝi, sukcesi
ken	povi, rajti
wile	voli, deziri, bezoni, devi
lukin	provi
sona	scipovi

ADJEKTIVOJ

kama	alvenanta, venonta

VERBOJ

lukin	vidi, rigardi

Gramatiko

Ĉiu frazo havas "ĉefverbon". Tio estas la verbo aŭ alia vorto uzata en tiu pozicio, ekzemple adjektivo, substantivo aŭ prepozicio. La ĉefverbo estas kutime la vorto, kiu venas post la partikulo *li*.

---

[16] *ku*: Aliaj ekzemploj de antaŭverboj uzataj en la komunumo estas *alasa*, *open*, *pini* kaj *tawa*:

o alasa lukin e lipu.	Provu legi la dokumenton.
mi open seli e pan.	Mi komencis kuiri rizon.
sina pini moku e kili.	Vi finis manĝi la kumkvaton.
mi tawa moku e kala.	Mi iras manĝi marfruktojn.

Oni povas aldoni antaŭverbon antaŭ la ĉefverbon:

SUBSTANTIVO + *li* + ANTAŬVERBO + VERBO ...
jan li wile pali...
Iu volas fari...

Kelkaj antaŭverboj havas iomete malsaman signifon, kiam oni uzas ilin kiel adjektivon aŭ verbon. Ekzemple, komparu la diversajn signifojn de *kama* kaj *lukin*. Por lerni ĉiujn signifojn de iu vorto, rigardu la oficialan vortaron je la fino de ĉi tiu libro.

Ekzemploj

1. *ma tomo li kama suli.*
   La urbo iĝas granda.

2. *mi kama sona e toki pona.*
   Mi lernas Tokiponon.

3. *mije wawa li lukin jo e meli pona.*
   La forta viro serĉas bonan virinon.

4. *mi mute li kama awen lon ma tomo Towano.*
   Ni ekloĝis en Toronto.

5. *jan lili mi o, sina wile moku e kala anu seme?*
   Miaj infanoj, ĉu vi volas manĝi fiŝaĵon?

6. *jan mute li sona ala tawa lon telo.*
   Multaj homoj ne scipovas naĝi.

7. *sina ken ala ken kama?*
   Ĉu vi povas veni?

Traduku

1. La frukto iĝis malbona.
2. Mi volas esti en mia gepatra lando.
3. La batalisto scipovas fari bonan manĝaĵon.
4. La vojo mallarĝiĝas.
5. La plantoj ricevis akvon.
6. Vi rajtas gardi vian nomon.
7. La sano de la virino pliboniĝis. Hura!

La solvoj troveblas sur paĝo 72.

Leciono 14: Koloroj kaj *la*

Vortoj

ADJEKTIVOJ

jelo	flava
laso	blua, verda
loje	ruĝa
pimeja	nigra, malhela
walo	blanka, hela

PARTIKULOJ [17]

la (inter la kunteksta frazparto kaj la ĉeffrazo)

Gramatiko

La partikulo *la* estas tre potenca. Per ĝi oni povas ligi du frazojn, aŭ ligi frazparton al frazo.

> *A la B.*
> En kunteksto de A, B.
> Se A, B.

[17] *ku:* Laŭ mia opinio, ne gravas, ĉu oni uzas komon antaŭ *la*, post *la* aŭ tute ne uzas ĝin. Tio estas nur persona elekto pri stilo.

La vortojn post la prepozicio *lon* oni povas movi antaŭ la partikulon *la*, kio donas la saman signifon.

ona li kama lon tenpo pimeja ni.
Li venos ĉi-nokte.

tenpo pimeja ni la ona li kama.
Ĉi-nokte, li venos.

Ekzemploj

1. *mi pona tawa jan, la jan li pona tawa mi.*
   Kiam mi bonfaras al homoj, homoj bonfaras al mi.
2. *sina kama lon tomo mi, la mi pana e moku.*
   Se vi venos al mia domo, mi donos manĝaĵon.
3. *sina lukin e telo jelo, la o moku ala e ona.*
   Se vi vidas flavan likvon, ne trinku ĝin.
4. *ilo pi laso pimeja li lon tomo walo.*
   La malhelverda ilo estas en la blanka budo.
5. *suno li loje, la tenpo pona li lon.*
   Kiam la suno ruĝas, estas bona tempo.
6. *tan seme la soweli wawa pimeja li moku e ona?*
   Kial la nigra urso manĝis ĝin?
7. *sewi li wile, la mi pali e ona lon tenpo suno kama.*
   Se Dio volas, mi faros ĝin morgaŭ.

Traduku

1. Se via korpo estas blua, tio malbonas.
2. Dum malbonaj tempoj, homoj devas paroli al amikoj.
3. En grupo, ni estas fortaj.
4. Kiam mi uzas la oficialan tokiponan libron, mi sentas min bone.
5. Je kiu tempo venos viaj gepatroj?
6. Se ni ne havas viandon, ni manĝos legomojn.
7. Mi sentas min malbone pro la granda batalo.

La solvoj troveblas sur paĝo 72.

Leciono 15: Lokvortoj

Vortoj

SUBSTANTIVOJ [18]

insa	eno, inter, ena organo
monsi	malantaŭo, dorso
noka	malsupro, loko sub io, kruro
poka	flanko, apudo, kokso
sewi	spaco super io, plej alta parto de io, ĉielo
sinpin	antaŭo, vizaĝo, brusto

Gramatiko

Lokvortoj estas substantivoj, kiuj indikas lokon. Ni ofte uzas ilin kun la prepozicio *lon*.

Ekzemploj

1. *mi lon poka sina.*
   Mi estas ĉe via flanko.
2. *noka tomo li wawa.*
   La fundamento de la konstruaĵo estas forta.

[18]*ku:* La pua libro enkondukas iom strangan uzmanieron de *noka*, kiu ne kongruas kun ĝia tradicia uzmaniero. Oni multe pli ofte uzas *noka* kiel "kruro, piedo" kaj *anpa* kiel "suba loko, malsupra parto".

3. *jan lili li lon insa pi mama meli.*
   La bebo estas en la utero de la patrino.
4. *ilo suli li tawa lon sewi.*
   Granda maŝino moviĝas en la ĉielo.
5. *kala laso mute li lon noka pi telo suli.*
   Multaj verdaj marbestoj estas je la fundo de la oceano.
6. *tomo sona ni la jan lili li wile kepeken toki Inli.*
   En ĉi tiu lernejo, la infanoj devas uzi la anglan.

Traduku

1. Akvo venas el la ĉielo.
2. La dokumento estas sub la kato.
3. Apud kion vi metis la ruĝan horloĝon?
4. Mi vidas nigran virinon antaŭ la konstruaĵo.
5. Protektu vian dorson.
6. Lumo estas apud mallumo.

La solvoj troveblas sur paĝo 72.

Leciono 16: Partikuloj kaj perspektivoj

Vortoj

anpa ADJEKTIVO humila, klinanta sin
ante ADJEKTIVO malsama
en PARTIKULO kaj (inter subjektoj)
lete ADJEKTIVO malvarma
lupa SUBSTANTIVO pordo, truo
open VERBO malfermi
sama ADJEKTIVO sama, simila; gefrata[19]
suwi ADJEKTIVO dolĉa
taso PARTIKULO sed; ADJEKTIVO nur
tawa PREPOZICIO laŭ la perspektivo de

Gramatiko

Ĉu io estas vera laŭ via vidpunkto? Por montri perspektivon, uzu la prepozicion *tawa*.

Estas multaj manieroj por traduki "kaj":

1. Ligu plurajn subjektojn per *en*.
2. Ligu plurajn verbojn per ripetoj de *li*. Se la subjekto estas *mi* aŭ *sina*, komencu novan frazon.[20]
3. Ligu plurajn rektajn objektojn per ripetoj de *e*.

[19]Pri "gefrata", vidu la piednoton sur paĝo 144.

Ekzemploj

1. *suwi li pona tawa mi.*
   Mi ŝatas dolĉaĵojn.
2. *sina en mi li anpa tawa sewi.*
   Vi kaj mi estas malaltaj laŭ la perspektivo de Dio.
3. *ma mama li lili li lete.*
   La gepatra lando estas malgranda kaj malvarma.
4. *taso mije en meli li pali li pilin pona.*
   Sed viroj kaj virinoj laboras kaj feliĉas.
5. *tomo sina taso li pimeja.*
   Nur via domo estas nigra.

---

[20]*ku:* En pua stilo, la partikulo *li* povas enkonduki novan verbon por triapersona subjekto, sed se la subjekto estas *mi* aŭ *sina*, oni komencas novan frazon. Tio estas restaĵo de tio, ke *li* estis origine markilo por tria persono. Multaj parolantoj plilarĝigis la uzmanieron de *li* tiel, ke ĝi povas enkonduki novan verbon, eĉ se la subjekto estas *mi* aŭ *sina*.

pua stilo:

jan li toki li moku.	La persono parolas kaj manĝas.
mi toki. mi moku.	Mi parolas kaj manĝas.

Pli larĝa uzado de *li*:

jan li toki li moku.	La persono parolas kaj manĝas.
mi toki li moku.	Mi parolas kaj manĝas.

Leciono 17: Ĉasa aventuro

Vortoj

alasa	VERBO	ĉasi, kolekti
lawa	SUBSTANTIVO	kapo
len	SUBSTANTIVO	vestaĵo
linja	SUBSTANTIVO	io longa kaj fleksebla
pakala	ADJEKTIVO	rompita
palisa	SUBSTANTIVO	io longa kaj rigida
pipi	SUBSTANTIVO	insekto
waso	SUBSTANTIVO	birdo
weka	ADJEKTIVO	fora

Gramatiko

Fojfoje ni devas simpligi malsimplan ideon al du frazoj.

> *mi wile e ni: jan Melani li kama tawa tomo mi.*[21]
> Mi volas ĉi tion: Mélanie venos al mia domo.
> Mi volas, ke Mélanie vizitu min.

[21] *ku:* Eblas ankaŭ: *mi wile e ni: jan Melani li kama lon tomo mi.*

Rakonto

mama sama Mawijo li jo e tomo lili lon ma kasi. ona li wile alasa li kama jo e ilo alasa e len loje. tenpo suno nanpa wan la ona li lukin e waso laso taso. waso li moku e pipi lili.

Onklo Mawijo posedas dometon en la arbaro. Li volas ĉasi kaj prenas pafarkon kaj oranĝkoloran veŝton. Dum la unua tago, li vidas nur bluan birdon. La birdo manĝas malgrandajn insektojn.

tenpo suno nanpa tu la ona li kute e mu wawa. jan Mawijo li awen. ona li lukin e soweli suli. lawa soweli li jo e palisa. jan Mawijo li kepeken ilo alasa, taso linja li pakala. soweli suli li tawa weka.

La duan tagon, li aŭdas laŭtan blekon. Mawijo atendas. Li vidas grandan alkon. La kapo de la alko havas kornojn. Mawijo uzas la pafarkon, sed la ŝnuro rompiĝas. La alko forkuras.

Leciono 18: Kuira aventuro

Vortoj

lape	ADJEKTIVO	dormanta
olin	VERBO	ami
pan	SUBSTANTIVO	greno, cerealo
pini	ADJEKTIVO	finita, pasinta
seli	SUBSTANTIVO	fajro
supa	SUBSTANTIVO	horizontala surfaco
uta	SUBSTANTIVO	buŝo

Gramatiko

Substantivo povas iĝi verbo (transitiva).

telo

SUBSTANTIVO	akvo
VERBO	uzi akvon al io, lavi

seli

SUBSTANTIVO	fajro
VERBO	uzi fajron al io, kuiri

Rakonto

jan Mawijo li jo e meli olin. nimi ona li Sili. jan Sili li lape lili lon supa. tenpo suno pini la jan Sili li pona e tomo, li telo e len. jan Mawijo li kama lon tenpo seme?

Mawijo havas amatan edzinon. Ŝia nomo estas Sili. Sili dormetas sur la sofo. Hieraŭ Sili ordigis la domon kaj lavis la vestaĵojn. Kiam Mawijo venos?

kalama a! tenpo ni la jan Mawijo li kama lon lupa, li jo e soweli lili tu. jan Sili li pilin pona, li uta e jan Mawijo. ona li seli e soweli e pan.

Ho, bruo! Nun Mawijo alvenas ĉe la pordo, portante du leporojn. Sili ĝojas kaj kisas Mawijo. Ŝi kuiras la leporojn kaj iom da rizo.

moku pona!

Bonan apetiton!

Leciono 19: Ek al la esplorado

Ĉi tiuj lecionoj donis al vi bazajn sciojn pri la funkcimaniero de la lingvo.

La tekstoj en Parto 2 de ĉi tiu libro donas pli da ekzemploj. La oficiala tokipona vortaro troveblas sur paĝo 137. Ĝi enhavas ĉiujn vortojn kaj iliajn signifojn.

Jen via vico nun. Amuziĝu. Kreu, ludu, kaj estu *pona*![22]

[22] *ku*: Jen senkonteste la plej grava mesaĝo en *lipu pu*.

Solvoj

Leciono 1

1. yellow 2. yucky 3. can 4. moon 5. money 6. one

a. tempo *b.* io *c.* suno (ankaŭ sama elparolo!)

ĉ. domo *d.* ŝelo *e.* bona

Leciono 2

1. ijo li ijo. 2. ni li lipu. 3. meli li jan. 4. jan li ijo.

5. soweli li meli. 6. kili li ijo. 7. ni li lipu.

Leciono 3

1. soweli meli li pona. 2. ni li jan pona. 3. tomo telo li lili.

4. ni li soweli lili. 5. jan lili li meli. 6. lipu suli li pona.

7. kili li kili telo.

Leciono 4

1. sina wawa. 2. ni li kili mi. 3. telo sin li ijo pona.

4. tomo lipu li sin. 5. kulupu mi li suli. 6. mije mi li wawa.

7. sina meli suli.

Leciono 5

1. mi kute e sina. 2. kili li jo e telo. 3. kulupu li pali e tomo moku. 4. jan pali li jo e sona lili. 5. jan pona li moku e soweli. 6. meli li kute e mije. 7. kulupu lili li jo e toki sin.

Leciono 6

1. wan li pona. 2. mi kute e telo suli. 3. mi sona lili e toki pona. 4. lipu sewi li jo e sona. 5. kulupu suli li wan. 6. mije li moku ala e kili ike. 7. moku li suli e mi.

Leciono 7

1. sina jo e ilo seme? 2. ona li kute ala kute? ona li kute anu seme? 3. kulupu wan li pu ala pu? kulupu wan li pu anu seme? 4. mi pali e seme? mi mute li pali e seme? 5. kala li moku ala moku e telo? kala li moku e telo anu seme? 6. ilo moku li lili ala lili? ilo moku li lili anu seme? 7. mi kute e mije anu meli.

Leciono 8

1. mi kepeken toki pona. 2. ona li pana e ijo tan tomo ona. 3. kili li ike ala. 4. jan pali li kepeken ilo. 5. mi lon. 6. jan toki li pana e sona tawa jan kute. 7. sina pali e ni tan seme?

Leciono 9

1. jan Sulu li utala e jan ike. 2. sina tan ala tan ma Tosi? sina tan ma Tosi anu seme? 3. ma Sonko li suli mute. 4. telo Sisikaka li lon ma Pelu. 5. kulupu Apika li kepeken toki mute. 6. mi tawa ma Inli. 7. nimi sina li seme?

Leciono 10

1. jan Lisa li pilin pona. 2. a a a! 3. mu! 4. o pana e ilo tawa mi. 5. o tawa tomo sina. 6. ma Kanata li jo e kala mute a! 7. jan Ali o wawa.

Leciono 11

1. mi pilin pona lon ma kasi ona. 2. kulupu pi toki pona li pana e ijo mute. 3. mu! 4. ma utala ni li lili. 5. mije pi sijelo wawa li awen. 6. suno li pana e pona tawa kasi. 7. o kepeken ala ilo ike.

Leciono 12

1. sina nanpa wan! 2. ni li tenpo suno nanpa tu tu. 3. mije lili tu li awen e kasi mute. mije lili tu li awen e kasi luka luka wan. 4. tomo sin pi jan utala lili li pona mute. 5. ijo nanpa luka li seme? 6. mi sona e toki mute. mi sona e toki tu tu. 7. jan ale li kute e ona.

Leciono 13

1. kili li kama ike. 2. mi wile lon ma mama mi. 3. jan utala li sona pali e moku pona. 4. nasin li kama lili. 5. kasi li kama jo e telo. 6. sina ken awen e nimi sina. 7. sijelo meli li kama pona a!

Leciono 14

1. sijelo sina li laso, la ni li ike. 2. tenpo ike la jan li wile toki tawa jan pona. 3. kulupu la mi wawa. 4. mi pu, la mi pilin pona.
5. tenpo seme la mama sina li kama? mama sina li kama lon tenpo seme? 6. mi jo ala e soweli, la mi moku e kili. 7. mi pilin ike tan utala suli.

Leciono 15

1. telo li kama tan sewi. 2. lipu li lon noka soweli. lipu li lon anpa soweli. 3. sina pana e ilo tenpo loje lon poka seme? 4. mi lukin e meli pimeja lon sinpin tomo. 5. o awen e monsi sina. 6. suno li lon poka pimeja.

Parto 2
Tekstoj

Bildstrioj de Russ Williams

Tokiponaj proverboj

La tradukoj ne estas laŭvortaj. Ili provas kapti la spiriton de la signifo. La kaligrafiaĵoj estas en la nelinia skribsistemo *sitelen sitelen*, farita de Jonathan Gabel.

ale li jo e tenpo.
Ĉio havas sian tempon.
Estas ĝusta momento por ĉio.
Ĉio en sia ĝusta kunteksto.

ale li pona.
Ĉio bonas. La vivo bonas.
La vivo belas. Ĉio estos
en ordo.

toki pona li toki pona.
Tokipono estas bona lingvo.

ante li kama.
Ŝanĝiĝoj venos.
Tempoj ŝanĝiĝas.

ike li kama.
Malbonaĵoj okazos.

jan li suli mute. mani li suli lili.
Homoj pli gravas ol mono.

jan sona li jan nasa.
Sciulo estas strangulo.
Geniulo pensas laŭ
malkutimaj manieroj.

lupa meli li mama pi ijo ale.
Virina utero estas
la patrino de ĉio.

mi pona e ale mi,

la mi pona e mi.

Kiam mi plibonigas ĉiujn partojn de mia vivo, mi plibonigas min mem.

nasin pona li mute.

Bonaj vojoj estas multaj. Ekzistas multaj ĝustaj manieroj por fari ion.

o olin e jan poka.

Amu vian proksimulon.

o sona e sina!

Konu vin mem!

pali li pana e sona.
Agoj donas scion.
Oni lernas per farado.

pilin pona li pana e sijelo pona.
Pozitivaj sentoj donas
bonan sanon.

sina pana e ike,
la sina kama jo e ike.
Se vi donas malbonon,
vi ricevos malbonon.
Negativaĵojn, kiujn vi lasas
en la mondon, revenos al vi.

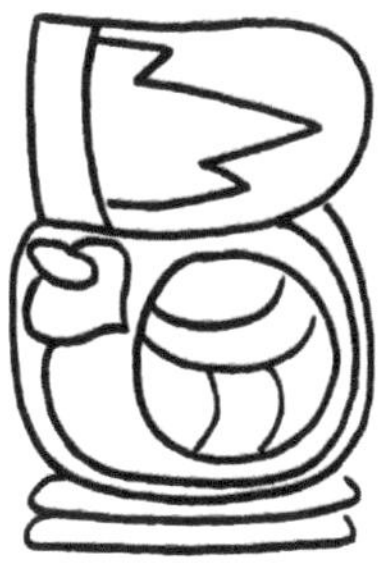

wawa li lon insa.
Energio estas interne.

weka lili li pona tawa lawa.
Dumtempa foresto bonas por gvidado. Estas bone por la menso distancigi sin de io dum iom da tempo.

wile sona li mute e sona.
Scivolemo multigas scion. Oni lernas per demandado.

jan lili li sona ala e ike.
Infanoj ne konas malbonon.

meli li nasa e mije.
Virinoj impulsiĝemigas virojn.[23]

[23] *ku*: Kompreneble ne ĉiuj viroj spertas alisekseman allogon ĉi-maniere.

mi weka e ike jan,
la mi weka e ike mi.
Kiam mi forigas kulpojn de aliuloj, mi forigas negativecon de mi.

nasin ante li pona
tawa jan ante.
Malsamaj manieroj bonas por malsamaj homoj. Kiom da homoj, tiom da gustoj.

telo li pona.
Akvo bonas.

lape li pona.
Dormo bonas.

toki li pona.

Komunikado bonas.

o pana e pona tawa ma.

Amu la teron.

Prizorgu la planedon.

utala li ike.

Batalado estas malutila.

Famaj citaĵoj

1. *o weka e nimi ike.*
   Preterlasu nenecesajn vortojn. (William Strunk)
2. *sina sona e toki wan taso, la sina sona ala e toki ni.*
   Tiu, kiu ne konas fremdajn lingvojn, scias nenion pri sia propra lingvo. (Goethe)
3. *toki sina en pali sina li sama, la sina pilin pona.*
   Feliĉo estas, kiam viaj pensoj, diroj kaj faroj estas en harmonio. (Mahatma Gandhi)
4. *sewi li lon ala, li lon ale.*
   Dio estas la tanĝa punkto inter nulo kaj infinito.
   (Alfred Jarry)
5. *sina wile ante e ale, la o ante e sina.*
   Estu la ŝanĝo, kiun vi volas vidi en la mondo.
   (Mahatma Gandhi)
6. *wile sona nanpa wan li ni: ale li pona anu ike?*
   La plej fundamenta ebla demando estas, ĉu la universo, en kiu ni vivas, estas amika aŭ malamika. (Albert Einstein)
7. *sona pona li ni: o weka e ike.*
   Saĝo en la vivo konsistas en forigado de senbezonaĵoj.
   (Lin Yutang)

8. *nasin pona li pona nanpa wan.*
   Simpleco estas la plej alta ŝtupo de ellaboriteco.
   (Leonardo da Vinci)
9. *sina ken ala toki e ijo lon toki pona, la sina sona pona ala e ona.*
   Kiam vi ne kapablas klarigi ion simple, vi ne bone komprenas la aferon. (Albert Einstein)

La Torao

Judoj, kristanoj, islamanoj kaj bahaanoj kredas, ke Dio revelaciis la Toraon al la profeto Moseo (*pacon al li*).

שְׁמַע יִשְׂרָאֵל יְהוָה אֱלֹהֵינוּ יְהוָה אֶחָד
Sh'ma Yisra'el, YHWH 'eloheinu, YHWH 'eḥad

kulupu Isale o kute e ni.	Aŭskultu, ho Izrael!
sewi li sewi mi.	La Eternulo estas nia Dio,
sewi li wan.	la Eternulo estas unu sola.

La Evangelio

Mateo 26:39

Jesuo (*pacon al li*) adoris Dion per klinîĝo sur la teron.

καὶ προελθὼν μικρὸν ἔπεσεν ἐπὶ πρόσωπον αὐτοῦ προσευχόμενος καὶ λέγων Πάτερ μου, εἰ δυνατόν ἐστιν, παρελθάτω ἀπ' ἐμοῦ τὸ ποτήριον τοῦτο· πλὴν οὐχ ὡς ἐγὼ θέλω ἀλλ' ὡς σύ.

jan Isa li tawa lili, li kama anpa, li toki e ni tawa sewi: "mama mi o! ken la o weka e pilin ike mi. wile mi o lon ala. taso wile sina o lon."

Kaj irinte iom antaŭen, [Jesuo] falis sur sian vizaĝon, preĝante, kaj dirante: Ho mia Patro, se povas esti, ĉi tiu kaliko pasu for de mi; tamen ne kiel mi volas, sed kiel Vi volas.

Luko 18:18-19

Καὶ ἐπηρώτησέν τις αὐτὸν ἄρχων λέγων Διδάσκαλε ἀγαθέ, τί ποιήσας ζωὴν αἰώνιον κληρονομήσω; εἶπεν δὲ αὐτῷ ὁ Ἰησοῦς Τί με λέγεις ἀγαθόν; οὐδεὶς ἀγαθὸς εἰ μὴ εἷς ὁ θεός.

jan lawa li wile sona e ni tan jan Isa: "jan sona pona o! mi pali e seme, la mi kama lon tenpo sewi?"

jan Isa li toki e ni: "tan seme la sina pana e nimi pona tawa mi? jan ala li pona. sewi wan taso li pona."

Unu reganto demandis al li, dirante: Bona Majstro, kion mi faru, por heredi eternan vivon?

Kaj Jesuo diris al li: Kial vi nomas min bona? Neniu estas bona krom Unu, nome Dio.

La Korano

al-Qur'ān signifas laŭvorte "la deklamaĵo" (*kalama sewi*). La sankta skribo nomas sin mem ankaŭ la Libro, la Gvido, kaj la Memorigo.

La ĉapitro de sincereco

Sūrat al-Ikhlāṣ, kiu estas same valora kiel triono de la Korano, donas simplan difinon de Dio:

قُلْ هُوَ اللَّهُ أَحَدٌ
اللَّهُ الصَّمَدُ
لَمْ يَلِدْ وَلَمْ يُولَدْ
وَلَمْ يَكُن لَّهُۥ كُفُوًا أَحَدٌۢ

qul huwa llāhu aḥad
allāhu ṣ-ṣamad
lam yalid wa-lam yūlad
wa-lam yakun lahu kufuwan aḥad

o toki e ni: "sewi li wan.
sewi li wawa ale.
ona li mama ala, li jo ala e mama.
ijo ala li sama ona."

Diru: Dio estas unu.
Dio estas sendependa de ĉio,
ne naskas, kaj ne estas naskita.
Nenio estas kiel [Dio].

La ĉapitro de la formikoj

En *Sūrat an-Naml*, birdo raportas al Salomono (*pacon al li*) pri la reĝino de Ŝeba. En Tokipono ĉi tiu alineo estas tradukebla per unu sola vorto:

أَحَطتُ بِمَا لَمْ تُحِطْ بِهِ وَجِئْتُكَ مِن سَبَإٍ بِنَبَإٍ يَقِينٍ
إِنِّي وَجَدتُّ امْرَأَةً تَمْلِكُهُمْ وَأُوتِيَتْ مِن كُلِّ شَيْءٍ وَلَهَا عَرْشٌ عَظِيمٌ
وَجَدتُّهَا وَقَوْمَهَا يَسْجُدُونَ لِلشَّمْسِ مِن دُونِ اللَّهِ وَزَيَّنَ لَهُمُ الشَّيْطَانُ
أَعْمَالَهُمْ فَصَدَّهُمْ عَنِ السَّبِيلِ فَهُمْ لَا يَهْتَدُونَ
أَلَّا يَسْجُدُوا لِلَّهِ الَّذِي يُخْرِجُ الْخَبْءَ فِي السَّمَاوَاتِ وَالْأَرْضِ وَيَعْلَمُ مَا
تُخْفُونَ وَمَا تُعْلِنُونَ
اللَّهُ لَا إِلَهَ إِلَّا هُوَ رَبُّ الْعَرْشِ الْعَظِيمِ ۩

mu!

Mi lernis ion, kion vi ne sciis. Mi venas al vi el Ŝeba kun certa novaĵo. Mi trovis virinon regantan la popolon, kiu ricevis iom de ĉio, kaj ŝi havas grandiozan tronon. Mi trovis, ke ŝi kaj ŝia popolo submetas sin al la suno anstataŭ al Dio. La diablo faris iliajn agojn allogaj al ili, kaj forklinis ilin de la Vojo, por ke ili ne estu gvidataj. Ĉu ili ne submetu sin antaŭ Dio, kiu aperigas tion, kio estas kaŝita en la ĉieloj kaj la tero, kaj kiu scias, kion vi kaŝas kaj malkaŝas? Li estas Dio. Ne ekzistas dio krom [Dio], la Mastro de la grandioza trono.

Skribaĵoj de Bahá'u'lláh

Bahaanoj kredas je unueco de mondaj religioj. Unu sama Fonto inspiris eminentulojn kiel Adamo, Noaĥo, Abrahamo, Kriŝno, Zaratuŝtro, Moseo, Budho, Jesuo, Muhamado kaj Bahá'u'lláh (*pacon al ili ĉiuj*).

Kitab al-Aqdas

لا تحسبنّ انّا نزّلنا لكم الاحكام بل
فتحنا ختم الرّحيق المختوم باصابع
القدرة والاقتدار
يشهد بذلك ما نزّل من قلم الوحي
تفكّروا يا اولي الافكار

lā taḥsabanna annā
nazzalnā lakumu l-aḥkāma.
bal fataḥanā khatim ar-
raḥīqi l-makhtūm bi aṣābi'i
l-qudrati wa-l-iqtidār.
yash'hadu bi-dhālika mā
nuzzila min qalami l-waḥy.
tafakkarū yā ūlī l-āfkār.

Ne pensu, ke Ni revelaciis al vi nur leĝaron. Ne, pli ĝuste ni malfermis la fajnan Vinon per la fingroj de forto kaj potenco. Pri tio atestas tio, kion la Plumo de Revelacio revelaciis. Meditu pri tio, ho homoj de kompreno!

o pilin ala e ni: sewi li pana
e nasin lawa taso.
a! sewi li open e telo suwi
kepeken luka wawa.
ilo sitelen pi toki sewi li
wawa e ni.
jan sona o kepeken sona a!

Mallonga deviga preĝo

Ĉiutage je tagmezo, post lavado de la manoj kaj la vizaĝo, bahaano recitas ĉi tiun mallongan preĝon, dum la korpo estas turnita al la Adorpunkto.

أشهد يا إلهي بأنّك خلقتني لعرفانك وعبادتك
أشهد في هذا الحين بعجزي وقوّتك وضعفي واقتدارك وفقري وغنآئك
لا إله إلاّ أنت المهيمن القيّوم

ash'hadu yā ilāhī bi-annaka khalaqtanī li-'irfānika wa-'ibādatika.
ash'hadu fī hādhā l-ḥīn bi-'ajzī wa-qūwatika wa-ḍa'afī wa-iqtadārika wa-faqrī wa-ghanā'ika.
lā ilāha illa anta l-muhayminu l-qayyūm.

Mi atestas, ho mia Dio, ke Vi kreis min por ke mi konu Vin kaj adoru Vin.
Mi atestas ĉi-momente mian senfortecon kaj Vian potencon, mian povrecon kaj Vian riĉecon.
Ne ekzistas alia Dio krom Vi, la Helpo en Danĝero, la Mem-Ekzistanta.

sewi mi o! mi toki wawa e ni:
sina pali e mi tawa seme?
mi o sona e sina. mi o olin e sina.
tenpo ni la mi sona e ni:
mi anpa. sina wawa.
mi jo lili. sina jo mute.
sina sewi wan.
sina awen e ale.
lon la sina lon.

Kanto: *ale li pona*

Jen originala kantoteksto laŭ la melodio de *La Espero*, verkita de Joop Kiefte (*jan Mimoku*) el Nederlando:

tenpo pini la, mi kama sona.
tenpo ni la, mi ken sona pona.
jan li toki la, mi toki lili.
ni li tan ni: toki mi li pona.

> Antaŭe mi lernis.
> Nun mi kapablas bone kompreni.
> Se homoj parolas, mi respondas malmulte.
> Tio estas ĉar mia komunikado estas bona/simpla.

jan li toki mute la, mi tawa.
toki mi o kama ante mute.
toki mi li nasin toki pona.
nasin mi li ni: ale li pona!

> Se homoj multe parolas, mi iras.
> Mia komunikado ŝanĝiĝu multe.
> Mia parolado estas bona komunikmaniero.
> Jen mia maniero: ĉio bonas!

Rakonto: *jan lawa Oliki*

Ĉirkaŭ la jaro 900, Olego la Saĝa posedis grandan regnon en orienta parto de la slavaj landoj. Ekzistas legendo pri lia morto, pri kiu la rusa poeto Aleksandr Puŝkin baladis en la 19-a jarcento. Rusa esperantisto kaj tokiponisto Eŭgeno (*soweli Elepanto*) verkis tokiponan rerakonton de la legendo.

jan lawa ma Oliki li kama tawa utala li tawa kepeken soweli tawa. tenpo wan la ona li kama lukin e jan pi sona mute li toki e ni: "jan sona o toki e ni tawa mi: tenpo kama la mi pilin pona ala pona? mi kama moli tan seme?"

jan sona li toki e ni: "jan lawa o! sina kama suli li kama wawa. sina anpa e jan ike sina ale. sina lawa e ma e telo. jan ala li ken anpa e sina. taso sina kama moli tan soweli tawa sina ni."

soweli ni li pona tawa jan lawa Oliki. jan Oliki li pilin ike tan sona sin ni. taso ona li toki e ni tawa jan utala ona: "jan mi o pana e soweli tawa ante tawa mi. o weka e soweli ni tan poka mi. mi wile ala tawa kepeken ona. mi wile ala lukin e ona. taso mi wile e ni: ona li pilin pona."

utala li pini. tenpo sike mute li pini la jan Oliki en jan utala mute ona li moku li toki. jan Oliki li toki e ni: "soweli tawa mi li pilin pona ala pona?" taso ona li kama sona e ni: tenpo pini suli la soweli ni li kama moli...

ni li nasa mute tawa jan lawa. ona li toki e ni: "soweli mi li moli. taso mi awen lon. pakala! jan sona ni li ike li nasa! mi wile lukin e soweli moli!"

jan Oliki li tawa li lukin e soweli moli. ona li kama lon soweli ona la... a! akesi linja li lon soweli moli! ona li moku lili e jan lawa li pana e telo moli. jan lawa Oliki li kama moli tan ni a.

La landestro Olego venis al milito kaj vojaĝis per ĉevalo. Unu fojon li renkontis tre multescian homon kaj diris: "Saĝulo, diru al mi ĉi tion: Ĉu estontece mi fartos bone? Kiel mi mortos?"

La saĝulo diris: "Ho reganto! Vi iĝos grandioza kaj potenca. Vi venkos ĉiujn viajn malamikojn. Vi regos la teron kaj la maron. Neniu povos venki vin. Sed vi mortos pro ĉi tiu ĉevalo de vi."

Reganto Olego ŝatis tiun ĉevalon, kaj li estis malfeliĉa pro tiu novaĵo. Sed li diris jene al siaj soldatoj: "Miaj homoj, donu al mi alian rajdobeston. Forigu la ĉevalon de mia apudo. Mi ne volas vojaĝi per ĝi, kaj mi ne volas vidi ĝin. Sed mi volas, ke ĝi fartu bone."

La milito finiĝis. Kiam multaj jaroj pasis, Olego kaj liaj multaj soldatoj kune manĝis kaj parolis. Olego demandis "ĉu mia ĉevalo fartas bone?" Sed li lernis, ke tiu ĉevalo mortis antaŭ multe da tempo...

Tio estis tre stranga afero al la reganto. Li diris "Mia ĉevalo mortis, sed mi ankoraŭ vivas. Diable! Tiu saĝulo estas aĉa kaj stulta! Mi volas vidi la mortintan beston!"

Olego vojaĝis, kaj ekvidis la malvivan beston. Kiam li alvenis ĉe sia ĉevalo... ha! Estis serpento ĉe la malviva ĉevalo! Ĝi mordis la reganton kaj ellasis venenon. Reganto Olego mortis ja pro tio.

Poemo: *a, pilin mi o* (Ho, mia kor')

Mallonge antaŭ ol publikigi Esperanton en 1887, L. L. Zamenhof verkis ĉi tiun poemon:

Ho, mia kor', ne batu maltrankvile,
El mia brusto nun ne saltu for!
Jam teni min ne povas mi facile,
Ho, mia kor'!

Ho, mia kor'! Post longa laborado
Ĉu mi ne venkos en decida hor'?
Sufiĉe! trankviliĝu de l' batado,
Ho, mia kor'!

Jen tokipona versio de la sama poemo, kun laŭvorta traduko reen al Esperanto. La signifo estas iom ŝanĝita, por ke ĝi povu funkcii kiel memstara tokipona poemo.

a, pilin mi o tawa wawa ala,	Ho, mia koro, ne moviĝu vigle,
o awen insa a lon sijelo!	restu ja ene, en la korpo!
tan ni la lawa mi li lawa ala,	Pro tio mia kapo ne regas,
a, pilin o!	ho, koro!
a, pilin mi o! pali suli ni li	Ho, mia koro! Ĉu tiu ĉi longa laborado
ken ala ken e ni: mi kama jo	ebligos, ke mi ekhavos
e wile suli mi? o tawa lili,	mian deziregon? Moviĝu malmulte,
a, pilin o!	ho, koro!

Poemo: *kiwen walo*

Jen originala poemo de brazila tokiponisto *jan Kapilu*. Ĝi estas la lasta kaj plej altnivela tokipona teksto en ĉi tiu eldono. Post kiam vi studis la lecionojn, ni ŝatus defii vin provi legi kaj kompreni ĉi tiun poemon. Vi povas dume konsulti la vortaron sur paĝoj 137 ĝis 147. Se estas iu parto, kiun vi daŭre ne komprenas, vi povas kompari al la traduko en la sekva paĝo.

lon ma tomo pi tenpo pini suli,
la tomo ale li tan kiwen walo;
tan tenpo la, tomo li anpa, li pakala.

kasi mute li lawa e kulupu tomo;
insa pi ma ni la kasi pi kule ale li lon.
tan lupa pi kiwen walo la, kasi lili li open.

sama kasi la, pipi pi kule mute li lon;
ona li lon anpa kiwen, li weka tan akesi.
waso suwi li jo e kule walo sama kiwen.

suno anpa la sewi li kama jelo, li kama loje;
suno weka la mun li kama wawa.
pimeja li lon la, kon li lete.

tenpo ni la jan ala li lon ma ni.
lon ma tomo pi jan ala,
la kalama pona li lon.

lon kiwen walo wan la, toki ni li sitelen:
"sama telo la, ale li tawa.
o olin e tenpo ni; tenpo ante li lon ala."

Jen nia kunlabora traduko de la poemo en la antaŭa paĝo. Bone povas esti, ke via interpreto de la poemo estas malsama de nia en pluraj lokoj. La larĝa signifokampo de tokiponaj vortoj ofte ebligas plurajn bonajn interpretojn en tokipona poezio.

En urbo el fora pasinteco,
ĉiu domo estas el blanka ŝtono;[I]
pro paso de tempo la domoj disfalis kaj ruiniĝis.[II]

Abundaj plantoj regas la domaron;
en la tereno estas floroj ĉiukoloraj.
El truoj[III] en la blanka ŝtono junaj plantoj malfermiĝas.

Same kiel la plantoj, estas insektoj multkoloraj;
Ili estas sub la ŝtonoj kaj kaŝas sin de rampuloj.
Ĉarmaj birdoj havas koloron blankan kiel la ŝtonoj.

Dum malalta suno, la ĉielo flaviĝas kaj ruĝiĝas.
Dum malaperinta suno, la luno iĝas potenca.
Dum estas mallumo, la aero malvarmas.

Nuntempe estas neniu homo en ĉi tiu lando.
En la urbo senhoma
troviĝas agrablaj sonoj.

Sur unu blanka ŝtono, ĉi tiuj vortoj estas skribitaj:
"Kiel akvo, ĉio fluas.[IV]
Amu la nuntempon; alia tempo ne ekzistas."

[I] Aŭ pli precize "helkolora malmolaĵo". Iuj el ni tradukis per "kalkoŝtono" aŭ "marmoro", kaj eĉ arĝento estus valida interpreto. Via imago decidu.

[II] Aŭ pli laŭvorte "pro tempo la konstruaĵoj estas malaltaj kaj rompitaj".

[III] Povas temi pri ĉiaj truoj, ekzemple fendoj inter la ŝtonoj, aŭ fenestroj kaj pordoj en la muroj de la ruinoj.

[IV] Eblaj interpretoj estas interalie "nenio daŭras; ĉio pasas for" kaj "ĉio ĉiam moviĝas kaj ŝanĝiĝas; nenio restas sama".

Parto 3
Vortaroj

Mansigna Tokipono

Mansigna Tokipono (*toki pona luka*) estas silenta versio de Tokipono, kiu uzas mansignojn.[24] Tio povas esti utila, ekzemple:

- en silenta librejo aŭ preĝejo,
- dum sekretaj ninĵaj misioj,
- dum subakva serĉado de trezoroj, aŭ
- por mokinsulti rivalajn loĵbanistojn per bandaj mansignoj.

Ĉiu vorto kaj litero havas sian propran signon. Por fari frazon, faru ĉiun signon, unu post la alia, uzante la saman gramatikon kaj vortordon, kiujn vi jam konas.

Elementoj de la signoj

Ĉiu signo estas priskribebla per kvar elementoj:

1. formo de la mano
2. loko sur la korpo
3. orientiĝo de la manplato
4. ĉu unumane aŭ ambaŭmane

[24] *ku:* Mansigna Tokipono (*toki pona luka*) estas proponita kiel amuzaĵo por batali kun loĵbanistoj. Ekde tiam ekestis nova kaj tre *pona* projekto, Lukapono (*luka pona*), kiun *jan Olipija* inventis kiel naturalisman signolingvon uzeblan apud Tokipono. Mi rekomendas lerni Lukaponon.

Manformoj

Oni uzas naŭ bazajn manformojn en mansigna Tokipono. Ĉi tiuj priskribas la dekstran manon.

Lokoj sur la korpo

Ĉe ĉiu signo, la dekstra mano estu en specifa loko.

1. antaŭ la brusto
2. apud la frunto
3. apud la mentono
4. ĉe la maldekstra ŝultro
5. ĉe la maldekstra kubuto
6. sur la maldekstra pugno
7. sur la ventro
8. sub maldekstra oblikva antaŭbrako (vidu la ekzemplon sur paĝo 108)

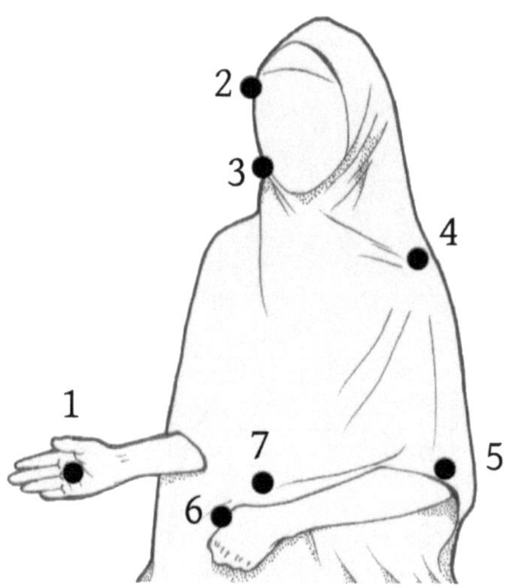

Direktoj

La plejmulto de la signoj estas priskribitaj per la direkto, en kiu la manplato de la dekstra mano indiku. Kelkaj signoj estas priskribitaj per la direkto, en kiu specifa fingro indiku.

1. maldekstren
2. supren
3. malsupren
4. antaŭen
5. malantaŭen

Unu mano aŭ ambaŭ manoj

Normale, por fari mansignon oni uzu la dekstran manon en la ĝusta formo, en la ĝusta loko, kaj kun la ĝusta orientiĝo de la manplato, kiel priskribite.

Se mansigno havas la indikon "ambaŭ manoj", metu la dekstran manon laŭ la priskribo, kaj poste spegule kopiu la signon per la maldekstra mano.

Ekzemploj

kasi

F-mano sur maldekstra pugno, manplato malsupren

o (litero)

O-mano sub maldekstra oblikva antaŭbrako, manplato malsupren

la

kurba mano antaŭ brusto, manplato maldekstren

tomo

kurba mano antaŭ brusto, manplato maldekstren (ambaŭ manoj)

suli

2-mano apud frunto,
manplato antaŭen

Priskriboj de signoj

a	plata mano apud mentono, manplato maldekstren
akesi	2-mano ĉe maldekstra kubuto, manplato malantaŭen
ala	plata mano ĉe maldekstra ŝultro, manplato malsupren
alasa	1-mano ĉe maldekstra ŝultro, manplato malantaŭen
ale	skuata mano antaŭ brusto, manplato antaŭen (ambaŭ manoj)
anpa	kurba mano antaŭ brusto, manplato malsupren
ante	kurba mano sur maldekstra pugno, manplato maldekstren
anu	L-mano antaŭ brusto, manplato malsupren
awen	L-mano ĉe maldekstra ŝultro, manplato malantaŭen
e	plata mano antaŭ brusto, manplato malsupren
en	L-mano sur maldekstra pugno, manplato malsupren
esun	kurba mano antaŭ brusto, manplato supren (ambaŭ manoj)
ijo	dikfingra pugno antaŭ brusto, manplato malsupren, dikfingro maldekstren
ike	dikfingra pugno antaŭ brusto, manplato antaŭen
ilo	dikfingra pugno sur maldekstra pugno, manplato supren
insa	L-mano sur ventro, manplato malantaŭen
jaki	dikfingra pugno apud mentono, manplato antaŭen
jan	2-mano ĉe maldekstra ŝultro, manplato malantaŭen
jelo	F-mano sur ventro, manplato malsupren
jo	kurba mano sur maldekstra pugno, manplato supren
kala	plata mano ĉe maldekstra kubuto, manplato malantaŭen
kalama	skuata mano apud mentono, manplato maldekstren

kama	kurba mano antaŭ brusto, manplato malantaŭen
kasi	dikfingra pugno ĉe maldekstra ŝultro, manplato malantaŭen
ken	L-mano sur maldekstra pugno, manplato maldekstren
kepeken	L-mano sur maldekstra pugno, manplato maldekstren
kili	dikfingra pugno apud mentono, manplato maldekstren
kiwen	dikfingra pugno sur maldekstra pugno, manplato malsupren
ko	kurba mano sur ventro, manplato malsupren
kon	skuata mano antaŭ brusto, manplato maldekstren
kule	F-mano antaŭ brusto, manplato maldekstren
kulupu	2-mano ĉe maldekstra ŝultro, manplato malsupren
kute	dikfingra pugno apud frunto, manplato maldekstren
la	kurba mano antaŭ brusto, manplato maldekstren
lape	plata mano apud frunto, manplato maldekstren
laso	F-mano ĉe maldekstra kubuto, manplato malsupren
lawa	plata mano apud frunto, manplato antaŭen
len	kurba mano ĉe maldekstra ŝultro, manplato malantaŭen
lete	skuata mano ĉe maldekstra kubuto, manplato malsupren
li	plata mano antaŭ brusto, manplato maldekstren
lili	2-mano apud mentono, manplato antaŭen
linja	1-mano apud frunto, manplato maldekstren
lipu	plata mano sur maldekstra pugno, manplato supren
loje	F-mano apud mentono, manplato maldekstren
lon	1-mano sur maldekstra pugno, manplato malsupren
luka	plata mano antaŭ brusto, manplato antaŭen
lukin	2-mano antaŭ brusto, manplato malsupren
lupa	O-mano antaŭ brusto, manplato maldekstren

ma	plata mano antaŭ brusto, manplato malsupren (ambaŭ manoj)
mama	2-mano sur ventro, manplato malsupren
mani	dikfingra pugno ĉe maldekstra kubuto, manplato malantaŭen
meli	2-mano sur ventro, manplato malantaŭen
mi	dikfingra pugno antaŭ brusto, manplato malsupren, dikfingro malantaŭen
mije	2-mano sur maldekstra pugno, manplato maldekstren
moku	O-mano apud mentono, manplato malantaŭen
moli	L-mano apud frunto, manplato malantaŭen
monsi	L-mano antaŭ brusto, manplato antaŭen
mu	skuata mano apud mentono, manplato malsupren
mun	O-mano apud frunto, manplato maldekstren
musi	skuata mano apud frunto, manplato maldekstren
mute	plata mano antaŭ brusto, manplato antaŭen (ambaŭ manoj)
nanpa	2-mano antaŭ brusto, manplato malantaŭen
nasa	dikfingra pugno apud frunto, manplato antaŭen
nasin	plata mano antaŭ brusto, manplato maldekstren (ambaŭ manoj)
nena	kurba mano sur maldekstra pugno, manplato malsupren
ni	L-mano apud mentono, manplato malantaŭen
nimi	nenio sub maldekstra oblikva antaŭbrako
noka	plata mano antaŭ brusto, manplato malantaŭen
o	skuata mano antaŭ brusto, manplato malsupren
olin	skuata mano sur ventro, manplato malantaŭen
ona	1-mano antaŭ brusto, montrofingro maldekstren
open	O-mano ĉe maldekstra ŝultro, manplato malsupren

pakala	dikfingra pugno sur maldekstra pugno, manplato antaŭen
pali	dikfingra pugno sur maldekstra pugno, manplato maldekstren
palisa	O-mano sur maldekstra pugno, manplato maldekstren
pan	F-mano apud mentono, manplato malantaŭen
pana	skuata mano antaŭ brusto, manplato supren
pi	O-mano antaŭ brusto, manplato antaŭen
pilin	F-mano sur ventro, manplato malantaŭen
pimeja	F-mano ĉe maldekstra ŝultro, manplato malsupren
pini	O-mano ĉe maldekstra ŝultro, manplato supren
pipi	1-mano ĉe maldekstra kubuto, manplato malantaŭen
poka	L-mano ĉe maldekstra kubuto, manplato malantaŭen
poki	O-mano antaŭ brusto, manplato malsupren
pona	dikfingra pugno antaŭ brusto, manplato maldekstren, dikfingro supren
pu	skuata mano sur maldekstra pugno, manplato supren
sama	dikfingra pugno antaŭ brusto, manplato malsupren (ambaŭ manoj)
seli	skuata mano ĉe maldekstra ŝultro, manplato malsupren
selo	F-mano ĉe maldekstra kubuto, manplato malantaŭen
seme	plata mano antaŭ brusto, manplato supren
sewi	1-mano antaŭ brusto, manplato maldekstren, montrofingro supren
sijelo	plata mano sur ventro, manplato malantaŭen
sike	O-mano sur maldekstra pugno, manplato malsupren
sin	skuata mano sur maldekstra pugno, manplato maldekstren
sina	1-mano antaŭ brusto, montrofingro antaŭen
sinpin	L-mano antaŭ brusto, manplato malantaŭen (ambaŭ manoj)

sitelen	F-mano antaŭ brusto, manplato maldekstren (ambaŭ manoj)
sona	kurba mano apud frunto, manplato maldekstren
soweli	plata mano ĉe maldekstra kubuto, manplato malsupren
suli	2-mano apud frunto, manplato antaŭen
suno	kurba mano apud frunto, manplato antaŭen
supa	plata mano antaŭ brusto, manplato supren (ambaŭ manoj)
suwi	2-mano apud mentono, manplato maldekstren
tan	kurba mano ĉe maldekstra kubuto, manplato malantaŭen
taso	L-mano antaŭ brusto, manplato malsupren (ambaŭ manoj)
tawa	kurba mano antaŭ brusto, manplato antaŭen
telo	skuata mano antaŭ brusto, manplato malsupren (ambaŭ manoj)
tenpo	F-mano sur maldekstra pugno, manplato maldekstren
toki	kurba mano apud mentono, manplato maldekstren
tomo	kurba mano antaŭ brusto, manplato maldekstren (ambaŭ manoj)
tu	2-mano antaŭ brusto, manplato antaŭen
unpa	2-mano sur maldekstra pugno, manplato malsupren
uta	1-mano apud mentono, manplato malantaŭen
utala	dikfingra pugno ĉe maldekstra ŝultro, manplato antaŭen
walo	F-mano apud frunto, manplato malsupren
wan	1-mano antaŭ brusto, manplato antaŭen, montrofingro supren
waso	O-mano apud mentono, manplato antaŭen
wawa	dikfingra pugno sur ventro, manplato malantaŭen

weka	O-mano ĉe maldekstra kubuto, manplato malsupren
wile	O-mano sur ventro, manplato supren

Alfabeto

Por literumi propran nomon, uzu ĉi tiujn literojn. Oni faru ĉiun literan mansignon sub maldekstra oblikva antaŭbrako.

a	dikfingra pugno, manplato malantaŭen
e	plata mano, manplato malantaŭen
i kaj *j*	1-mano, manplato malsupren
k	kurba mano, manplato malsupren
l	L-mano, manplato malantaŭen
m	skuata mano, manplato malantaŭen
n	skuata mano, manplato malsupren
o	O-mano, manplato malsupren
p	F-mano, manplato malsupren
s	dikfingra pugno, manplato malsupren
t	plata mano, manplato malsupren
u kaj *w*	2-mano, manplato malantaŭen

Hieroglifoj

La literoj de la latina alfabeto (prezentitaj en Leciono 1) estas la plej ofta kaj oportuna maniero por skribi Tokiponon. Ekzistas ankaŭ la ornama skribsistemo *sitelen sitelen*, farita de Jonathan Gabel. (Ekzemploj troveblas sur paĝo 78.)

En ĉi tiu sekcio mi prezentos simplan hieroglifan sistemon, kiu nomiĝas *sitelen pona*. Oni skribas ĉiun tokiponan vorton per unika logogramo aŭ simbolo.

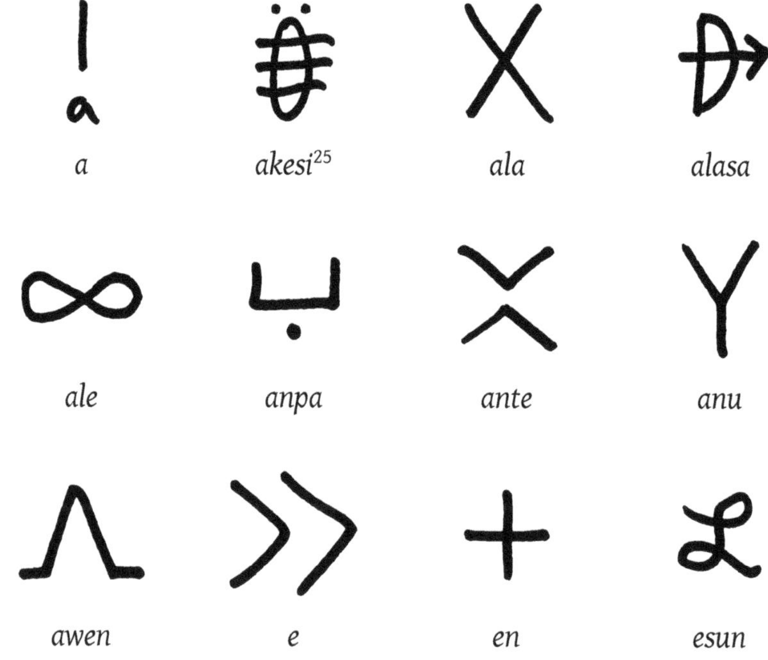

[25]Noto de la aŭtorino: Kvarpiede estas pli ĉarme:

ijo	*ike*	*ilo*	*insa*
jaki[26]	*jan*	*jelo*	*jo*
kala	*kalama*	*kama*	*kasi*
ken	*kepeken*	*kili*	*kiwen*
ko	*kon*	*kule*	*kulupu*

[26]Noto de la tradukinto: Pli-malpli iu ajn sufiĉe ĥaosa skribaĉo povas esti uzata por skribi *jaki*. Jen kelkaj skribitaj de mi:

kute
la
lape
laso
lawa
len
lete
li
lili
linja
lipu
loje
lon
luka
lukin
lupa
ma
mama
mani
meli

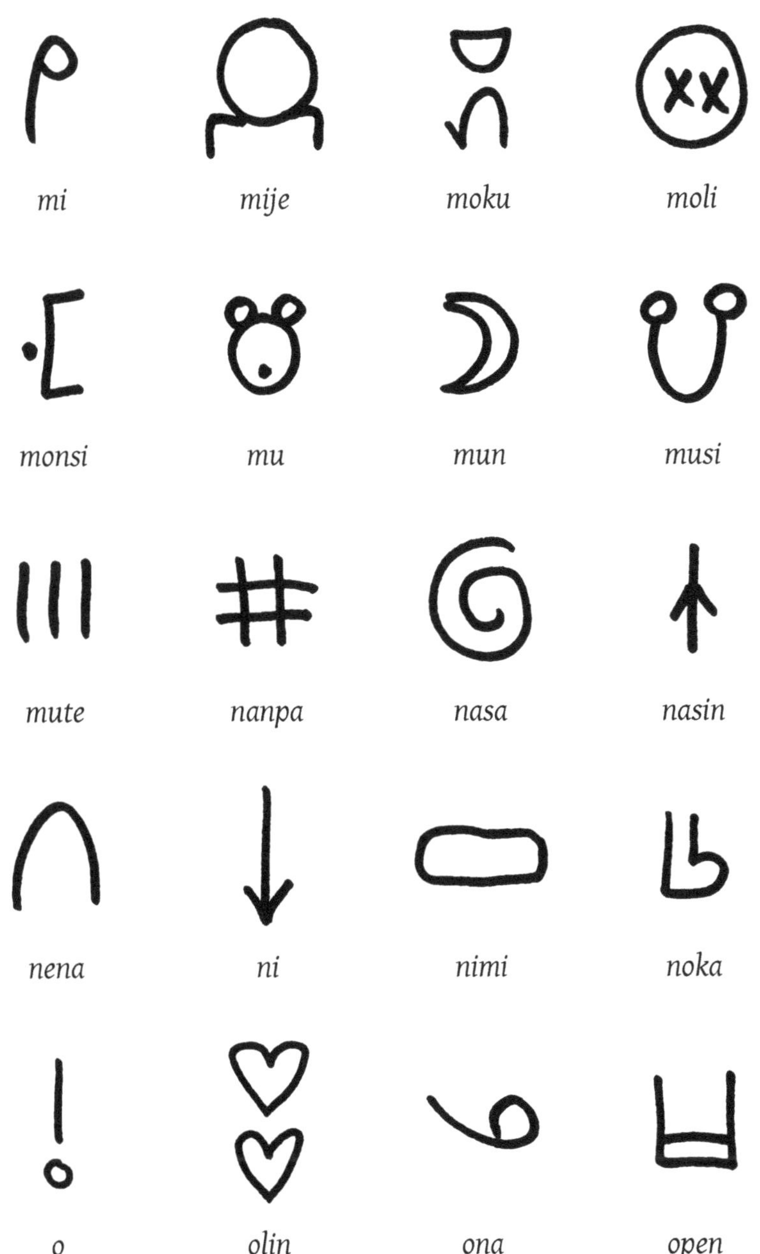
mi
mije
moku
moli
monsi
mu
mun
musi
mute
nanpa
nasa
nasin
nena
ni
nimi
noka
o
olin
ona
open

pakala *pali* *palisa* *pan*

pana *pi* *pilin* *pimeja*

pini *pipi* *poka* *poki*

pona *pu* *sama* *seli*

selo *seme* *sewi*[27] *sijelo*

---

[27] *ku*: Ekzistas ankaŭ alternativa sekulara formo de la signo de *sewi*:

Ĝi kongruas kun la aliaj lokvortoj, kiel *anpa*.

sike
sin
sina
sinpin
sitelen
sona
soweli
suli
suno
supa
suwi
tan
taso
tawa
telo
tenpo
toki
tomo
tu
unpa

Kunigitaj signoj

Se estas nur unu adjektivo, oni povas skribi ĝin en aŭ super la vorto, kiun ĝi modifas.

Propraj nomoj

Oni skribas proprajn nomojn en kartuŝo. En ĉi tiu ovala formo, ĉiu signo reprezentas nur la unuan literon de sia vorto.

Kiam vi skribas proprajn nomojn, vi rajtas laŭplaĉe elekti ajnan signon, kiu ŝajnas taŭga al vi. Ekzemple, se vi havas la literon *w* en via nomo, vi povus uzi *waso* se vi ŝatas birdojn, aŭ *wawa* se via forteco estas grava al vi.

Ĉi tiu frazo montras unu manieron por skribi "Kanado":

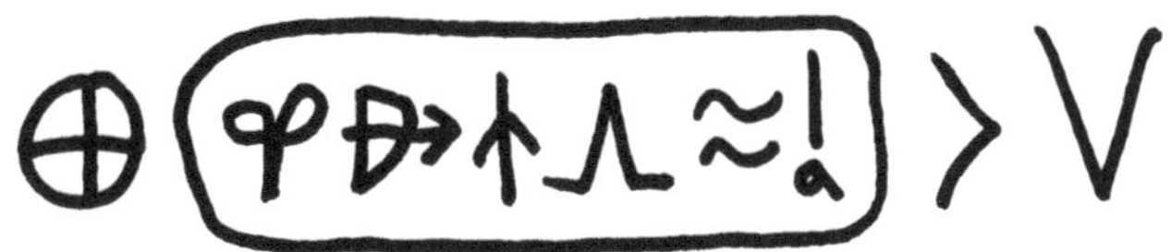

ma Kanata li suli
Kanado estas granda.

---

ku: La komunumo kreis *sitelen-pona*-signojn por multaj ne-puaj vortoj. Ekzemploj de du elstaraj tiparaj projektoj estas *linja sike* de *lipamanka* kaj *linja suwi* de *jan Ana*.

(Kelkaj el la plej oftaj ne-puaj signoj estas sur paĝo 149)

Loknomoj

Ĉi tiuj proponoj ĝenerale estas bazitaj je la prononcoj de la vortoj en la loka lingvo.[28]

Kontinentoj

Oni povas ankaŭ uzi la esprimon *ma suli* por referi al kontinento.

ma Amelika	Ameriko
ma Antasika	Antarkto
ma Apika	Afriko
ma Asija	Azio
ma Elopa	Eŭropo
ma Osejanija	Oceanio

Afriko

ma Ankola	Angolo
ma Eliteja	Eritreo
ma Isijopija	Etiopio
ma Kamelun	Kameruno

[28] *ku:* Ĉi tiuj tokiponigoj estis proponitaj kiel sugestoj, kaj ili daŭre estas utilaj, se oni ne trovas pli uzindan alternativon. Se la parolantoj en la tokipona komunumo, kaj aparte tiuj kun rilato al la koncerna loko aŭ lingvo, konsentas inter si pri preferata tokipona nomo, bonvolu uzi tiun formon. En Tokipono oni preferas uzi endonimojn. Oni ankaŭ preferas reuzi la saman vorton por la lando, la lingvo kaj la gento. Rigardu ĉe *nimi.tokipona.org*

ma Kana	Ganao
ma Kanpija	Gambio
ma Kapon	Gabono
ma Kenja	Kenjo
ma Kine	Gvineo
ma Kinejekatolija	Ekvatora Gvineo
ma Kinepisa	Gvineo-Bisaŭo
ma Komo	Komoroj
ma Konko	Kongo
ma Kosiwa	Ebur-Bordo
ma Lapewija	Liberio
ma Lesoto	Lesoto
ma Lipija	Libio
ma Luwanta	Ruando
ma Malakasi	Madagaskaro
ma Malawi	Malavio
ma Mali	Malio
ma Malipe	Maroko
ma Masu	Egiptio
ma Mosanpi	Mozambiko
ma Mowisi	Maŭricio
ma Mulitanija	Maŭritanio
ma Namipija	Namibio
ma Naselija	Niĝerio
ma Nise	Niĝero
ma Penen	Benino
ma Posuwana	Bocvano
ma Pukinapaso	Burkino
ma Sanpija	Zambio
ma Santapiken	Centr-Afriko

ma Sasali	Alĝerio
ma Sate	Ĉado
ma Sawasi	Svazilando
ma Seneka	Senegalo
ma Setapika	Sud-Afriko
ma Sijelalijon	Sieraleono
ma Sinpapuwe	Zimbabvo
ma Sipusi	Ĝibutio
ma Somalija	Somalio
ma Sutan	Sudano
ma Tansanija	Tanzanio
ma Toko	Togolando
ma Tunisi	Tunizio
ma Ukanta	Ugando

Ameriko

ma Alensina	Argentino
ma Awisi	Haitio
ma Ekato	Ekvadoro
ma Kalalinuna	Gronlando
ma Kanata	Kanado
ma Katemala	Gvatemalo
ma Kenata	Grenado
ma Kosalika	Kostariko
ma Kupa	Kubo
ma Mesiko	Meksiko
ma Mewika	Usono
ma Ontula	Honduro

ma Palakawi	Paragvajo
ma Panama	Panamo
ma Papeto	Barbado
ma Pasila	Brazilo
ma Pawama	Bahamoj
ma Pelu	Peruo
ma Pemuta	Bermudo
ma Penesuwela	Venezuelo
ma Sameka	Jamajko
ma Sile	Ĉilio
ma Sinita	Trinidado kaj Tobago
ma Tominika	Domingo
ma Ulakawi	Urugvajo

Azio

ma Aja	Armenio
ma Akanisan	Afganio
ma Anku	Sud-Koreio
ma Ilakija	Irako
ma Ilan	Irano
ma Intonesija	Indonezio
ma Isale	Israelo
ma Jamanija	Jemeno
ma Kanpusi	Kamboĝo
ma Katelo	Kartvelio
ma Kuli	Kurdio
ma Kusala	Guĝaratio
ma Kuwasi	Kuvajto

ma Lanka	Srilanko
ma Losi	Rusio
ma Lunpan	Libano
ma Malasija	Malajzio
ma Masu	Egiptio
ma Mijama	Birmo
ma Nijon	Japanio
ma Pakisan	Pakistano
ma Palani	Barejno
ma Palata	Barato
ma Panla	Bangladeŝo
ma Pilipina	Filipinoj
ma Pilisin	Palestino
ma Po	Tibeto
ma Sawusi	Sauda Arabio [29]
ma Sonko	Ĉinio
ma Sulija	Sirio
ma Tawi	Tajlando
ma Tuki	Turkio
ma Uman	Omano
ma Utun	Jordanio
ma Wije	Vjetnamio

Eŭropo

ma Alan	Irlando
ma Antola	Andoro

[29] *ku:* Ĉu la ekzemplo *ma Sawusi* estas eraro, aŭ indiko, ke tokipona fonotakso estas malpli strikta, kiam oni tokiponigas alilingvajn vortojn?

ma Elena	Grekio
ma Epanja	Hispanio
ma Esalasi	Aŭstrio
ma Esi	Estonio
ma Esuka	Eŭskio
ma Inli	Anglio
ma Isilan	Islando
ma Italija	Italio
ma Juke	Britio
ma Kalalinuna	Gronlando
ma Kanse	Francio
ma Katala	Katalunaj landoj
ma Katelo	Kartvelio
ma Kinla	Kimrio
ma Kiposi	Kipro
ma Lawi	Latvio
ma Lijatuwa	Litovio
ma Lisensan	Liĥtenŝtejno
ma Lomani	Rumanio
ma Losi	Rusio
ma Lowasi	Kroatio
ma Lowenki	Slovakio
ma Lowensina	Slovenio
ma Lusepu	Luksemburgo
ma Maketonija	Makedonio
ma Mosijo	Hungario
ma Motowa	Moldavio
ma Netelan	Nederlando
ma Nosiki	Norvegio
ma Pelalusi	Belorusio

ma Pesije	Belgio
ma Peson	Bretonio
ma Pokasi	Bulgario
ma Posan	Bosnio
ma Posuka	Pollando
ma Potuke	Portugalio
ma Samalino	Sanmarino
ma Seki	Ĉeĥio
ma Sipe	Albanio
ma Sopisi	Serbio
ma Sukosi	Skotlando
ma Sumi	Finnlando
ma Suwasi	Svislando
ma Tansi	Danio
ma Tosi	Germanio
ma Tuki	Turkio
ma Ukawina	Ukrainio
ma Wasikano	Vatikano
ma Wensa	Svedio

Oceanio

ma Intonesija	Indonezio
ma Kilipasi	Kiribato
ma Nusilan	Nov-Zelando
ma Oselija	Aŭstralio
ma Papuwanijukini	Papuo-Nov-Gvineo
ma Pisi	Fiĝio
ma Samowa	Samoo

ma Tona	Tongo
ma Tuwalu	Tuvalo
ma Wanuwatu	Vanuatuo

Lingvonomoj

toki Alapi	la araba
toki Apikan	la afrikansa
toki Awasa	la haŭsa
toki Awisi	la haitia kreolo
toki Elena	la greka
toki Epanja	la hispana
toki Esi	la estona
toki Esuka	la eŭska
toki Inli	la angla
toki Insi	la hindia
toki Intonesija	la indonezia
toki Inu	inuitaj lingvoj
toki Ipo	la igba
toki Isilan	la islanda
toki Italija	la itala
toki Iwisi	la hebrea
toki Jolupa	la joruba
toki Kalike	la skotgaela
toki Kanse	la franca
toki Kantun	la kantona
toki Kinla	la kimra
toki Lasina	Latino
toki Lomani	la rumana
toki Losi	la rusa
toki Lowasi	la kroata
toki Mosijo	la hungara
toki Netelan	la nederlanda

toki Nijon	la japana
toki Nosiki	la norvega (*Bokmål*)
toki Nosiki sin	la novnorvega (*Nynorsk*)
toki Panla	la bengala
toki Peson	la bretona
toki Pokasi	la bulgara
toki Posan	la bosna
toki Potuke	la portugala
toki Sameka	la jamajka kreolo
toki Seki	la ĉeĥa
toki Sesi	la ceza
toki Sikipe	la albana
toki Sonko	la ĉina
toki Sopisi	la serba
toki Sumi	la finna
toki Tansi	la dana
toki Topisin	Tokpisino
toki Tosi	la germana

Signolingvoj

La lingvistika publikaĵo Ethnologue listigas 121 surdulajn signolingvojn uzatajn en la tuta mondo. Por nomi signolingvon en Tokipono, simple aldonu la nomon de la lando aŭ regiono post *toki luka* (mana lingvo). Jen nekompleta listo:

toki luka	signolingvo
toki luka Kanse	franca signolingvo
toki luka Kepeka	kebeka signolingvo
toki luka Mewika	usona signolingvo
toki luka Oselija	aŭstralia signolingvo
toki luka Piten	brita signolingvo
toki luka Sonko	ĉina signolingvo
toki luka Tosi	germana signolingvo
toki Inli luka	la mane kodita angla
toki pona luka	mansigna Tokipono

Konstruitaj lingvoj

Kompreneble, Esperanto kaj Tokipono ne estas la solaj konstruitaj lingvoj. Aliaj kreaĵoj estas interalie:

toki sin	konstruita lingvo
toki Apiwili	Afrihilio (*Afrihili*)
toki Elepen	Nova Lingvafrankao (*Lingua Franca Nova*)
toki Epelanto	Esperanto
toki Inli pona	la baza angla (*Basic English*)
toki Inota	*Lingua Ignota*

toki Intelinwa	Interlingvao (*Interlingua*)
toki Ito	Ido
toki Kuwenja	la kvenja (*Quenya*)
toki Latan	Laadano (*Láadan*)
toki Litepa	*Lingwa de Planeta*
toki Losupan	Loĵbano (*Lojban*)
toki Mansi	*Mänti*
toki Nawi	la navia (*Na'vi*)
toki Nejo	Neo
toki Olapi	Volapuko (*Volapük*)
toki Palepelen	*Bâleyben*
toki Pasiki	*Fyksian*
toki pona	Tokipono (*toki pona*)
toki Sanpasa	Sambaso (*Sambahsa*)
toki Selen	*Seren*
toki Semisi	*Semitish*
toki Sinan	la klingona (*Klingon, tlhIngan Hol*)
toki Sintalin	la sindara (*Sindarin*)
toki sitelen Anlasi	unkera nelinia skribsistemo (*Unker Non-Linear Writing System*)
toki sitelen Pisinpo	blisa skribo (*Blissymbols*)
toki Soleso	Solresolo (*Solresol*)
toki Soma	*Somish*
toki Tolome	*Traumae*
toki Tosulaki	la dotraka (*Dothraki*)

Utilaj frazoj

toki	saluton!
pona	bone, dankon, en ordo
pona tawa sina	pacon al vi
mi tawa	ĝis la revido (diras tiu, kiu foriras)
tawa pona	ĝis la revido (diras tiu, kiu restas)
mi wile (e ni)	bonvolu, mi volus, mi ŝatus
ale li pona	ĉio enordas, la vivo bonas, ne zorgu
ike a	ho ve
lape pona	bonan nokton
kama pona	bonvenon
moku pona	bonan apetiton
seme li sin?	kio novas?
sina pilin seme?	kiel vi fartas? kiel vi sentas vin?
a a a!	ha ha ha!
mi kama sona e toki pona	mi lernas Tokiponon
sina pona	vi mojosas, mi ŝatas vin [30]
mi olin e sina	mi amas vin
tomo telo li lon seme?	kie estas la necesejo?

[30] Noto de la tradukinto: *sina pona* estas ankaŭ ofte uzata por diri "dankon", nuntempe (en 2022) iom pli ofte ol nura *pona*.

Oficiala tokipona vortaro

a aŭ *kin* [31]

PARTIKULO (emfazo, emocio aŭ konfirmo)

akesi

SUBSTANTIVO reptilio, amfibio [32]

ala

ADJEKTIVO ne, nul

alasa

VERBO ĉasi, kolekti

ale aŭ *ali*

ADJEKTIVO ĉiuj; abunda, nenombrebla, ĉiu

SUBSTANTIVO abundo, ĉio, vivo, universo

NOMBRO 100

anpa

ADJEKTIVO klinanta sin, malsupren, humila, modesta, dependa

ante

ADJEKTIVO malsama, ŝanĝita, alia

anu

PARTIKULO aŭ

---

[31]*ku:* Por malpliigi la vortostokon por lernantoj, la originala angla versio de ĉi tiu libro prezentis kelkajn vortojn kiel unuiĝintajn sinonimojn: *a* kaj *kin*, *sin* kaj *namako*, *lukin* kaj *oko*. En efektiva uzado en la tokipona komunumo, kaj antaŭ kaj post la unua eldono de la libro, oni uzas ĉi tiujn vortojn kun malsamaj signifoj. Vidu iliajn difinojn en la aldonaĵo (*nimi ku suli pi pu ala*) sur paĝo 148.

[32]Noto de la tradukinto: La originala angla eldono havas ĉe *akesi* la signifon "neĉarma besto", sed laŭ la notoj de Sonja Lang en *Toki Pona Dictionary* tiu signifo estas eksdata.

awen

ADJEKTIVO daŭranta, tenata, gardata, protektita, sekura, atendanta, restanta

ANTAŬVERBO daŭre ...i, konstante ...i, plu-

e

PARTIKULO (antaŭ la rekta objekto)

en

PARTIKULO (inter pluraj subjektoj)

esun

SUBSTANTIVO bazaro, vendejo, foiro, komerca transakcio

ijo

SUBSTANTIVO aĵo, fenomeno, objekto, afero

ike

ADJEKTIVO malbona, negativa; neesenca, malgrava

ilo

SUBSTANTIVO ilo, maŝino, aparato

insa

SUBSTANTIVO centro, enhavo, eno, inter; ena organo, ventro, stomako

jaki

ADJEKTIVO naŭza, obscena, malagrabla, toksa, malpura, malhigiena

jan

SUBSTANTIVO homo, persono, iu

jelo

ADJEKTIVO flava, flaveca

jo

VERBO havi, porti, enhavi, teni

kala

SUBSTANTIVO fiŝo, mara besto, mara vivaĵo

kalama

VERBO fari sonon; reciti, diri laŭte aŭ voĉe

kama

ADJEKTIVO alvenanta, venonta, estonteca, venigita

ANTAŬVERBO iĝi, sukcesi, elturniĝi pri

kasi

SUBSTANTIVO planto, vegetaĵo; herbo, folio

ken

ANTAŬVERBO povi, rajti

ADJEKTIVO ebla

kepeken

PREPOZICIO uzi, per, uzante

kili

SUBSTANTIVO frukto, legomo, manĝebla fungo

kiwen

SUBSTANTIVO malmolaĵo, metalo, roko, ŝtono

ko

SUBSTANTIVO argilo, kunteniĝanta aŭ glueca formo, pasto, duonsolidaĵo, pulvoro

kon

SUBSTANTIVO aero, spiro; esenco, spirito; kaŝita realaĵo, io nevidata kio havas ian efikon

kule

ADJEKTIVO kolora, pigmenta, pentrita

kulupu

SUBSTANTIVO komunumo, kunularo, grupo, nacio, socio, tribo

kute

SUBSTANTIVO orelo

VERBO aŭdi, aŭskulti; atenti, obei

la

PARTIKULO (inter la kunteksta frazparto kaj la ĉeffrazo)

lape

ADJEKTIVO dormanta, ripozanta

laso

ADJEKTIVO blua, verda

lawa

SUBSTANTIVO kapo, menso

VERBO gvidi, direkti, estri, konduki, posedi, plani, reguligi, regi

len

SUBSTANTIVO ŝtofo, vestaĵo, teksaĵo; kovraĵo, tavolo de privateco

lete

ADJEKTIVO malvarma; nekuirita, kruda

li

PARTIKULO (inter subjekto krom sola *mi* aŭ sola *sina* kaj ties verbo; ankaŭ por enkonduki novan verbon de la sama subjekto)

lili

ADJEKTIVO malgranda, malalta; malmulta; iomete; juna

linja

SUBSTANTIVO io longa kaj fleksebla; kordo, haro, ŝnuro, fadeno

lipu

SUBSTANTIVO plata objekto; libro, dokumento, karto, papero, registro, retejo

loje

ADJEKTIVO ruĝa, ruĝeca

lon

PREPOZICIO estanta en iu loko, estanta ĉe, reala, vera, ekzistanta *luka*

SUBSTANTIVO brako, mano, tuŝorgano

NOMBRO kvin

lukin aŭ *oko* [31]

SUBSTANTIVO okulo

VERBO rigardi, vidi, ekzameni, observi, legi, spekti

ANTAŬVERBO provi [33]

lupa

SUBSTANTIVO pordo, truo, korpa aperturo, fenestro

ma

SUBSTANTIVO tero, terpeco; eksterdoma subĉiela loko, mondo; lando, ŝtato, teritorio; tero (substanco)

mama

SUBSTANTIVO patro, patrino, gepatroj, praulo; kreinto, iniciatinto, fondinto; prizorganto, bontenanto

mani

SUBSTANTIVO mono, riĉaĵoj, ŝparaĵo, kontanta mono; bruto, granda malsovaĝa besto

meli

SUBSTANTIVO virino, ino; edzino

mi

SUBSTANTIVO mi, ni

mije

SUBSTANTIVO viro, virseksulo; edzo

moku

VERBO manĝi, trinki, konsumi, gluti

moli

ADJEKTIVO mortinta, mortanta

---

[33] Noto de la tradukinto: Ankaŭ *alasa* estas uzata ĉi-sence. Ĉe la enketoj de *Toki Pona Dictionary*, *lukin* kaj *alasa* estis same ofte uzataj por esprimi "provi". Vidu ankaŭ la piednoton sur paĝo 54.

monsi

SUBSTANTIVO dorso, malantaŭo

mu

PARTIKULO (bleko, aŭ alia besta sono aŭ komunikaĵo)

mun

SUBSTANTIVO luno, nokta ĉiela objekto, stelo

musi

ADJEKTIVO arta, amuza, frivola, ludeca, rilata al amuziĝo

mute

ADJEKTIVO multaj, multe, pluraj, tre

SUBSTANTIVO kvanto

NOMBRO[34] 20

nanpa

PARTIKULO -a (kiel en "unua", "dua", ktp; indikas pozicion en vicordo)

SUBSTANTIVO ciferoj, nombroj

nasa

ADJEKTIVO nekutima, stranga; bufona, malserioza, stulteta; ebria

nasin

SUBSTANTIVO maniero, kutimo, doktrino, metodo, vojo, irejo

nena

SUBSTANTIVO elstara malebenaĵo, elstaraĵo, tubero, butono, monteto, monto, nazo

ni

ADJEKTIVO (ĉi) tiu, (ĉi) tio

---

[34]Noto de la tradukinto: La signifo de *mute* kiel nombro mankas en la originala angla versio de la vortaro, kvankam ĝi ja aperas en leciono 12. (Vidu ĉe paĝo 52.) Ĉi tie ĝi estas aldonita por kompleteco.

nimi

SUBSTANTIVO nomo, vorto

noka

SUBSTANTIVO piedo, kruro, moviĝa organo; malsupro, malsupra parto

o

PARTIKULO he! (vokativo aŭ imperativo)

olin

VERBO ami, simpatii kun, respekti, montri sian korinklinon al

ona

SUBSTANTIVO li, ŝi, (ri,) ĝi, ili

open

VERBO komenci; malfermi; ŝalti

pakala

ADJEKTIVO fuŝita, rompita, damaĝita, difektita

pali

VERBO fari, agi por atingi aŭ plenumi ion, prilabori; konstrui, fari, prepari

palisa

SUBSTANTIVO io longa kaj rigida; branĉo, stango, bastono

pan

SUBSTANTIVO greno, cerealo; aveno, hordeo, maizo, rizo, tritiko; pano, pastaĵo

pana

VERBO doni, sendi, eligi, ellasi, provizi, meti

pi

PARTIKULO de

pilin

SUBSTANTIVO koro (fizika aŭ emocia)

ADJEKTIVO sentanta (emocion, rektan sperton)

pimeja

ADJEKTIVO nigra, malhela, malluma

pini

ADJEKTIVO antaŭa, finfarita, finita, finiĝinta, pasinta

pipi

SUBSTANTIVO insekto, formiko, araneo, eta senvertebrulo

poka

SUBSTANTIVO kokso, flanko; apud, proksime de, proksimaĵo

poki

SUBSTANTIVO ujo, sako, bovlo, skatolo, taso, ŝranko, tirkesto

pona

ADJEKTIVO bona, pozitiva, utila; amika, paca; simpla

pu

ADJEKTIVO interaganta kun la oficiala libro de Tokipono

sama

ADJEKTIVO sama, simila; unu la alia; gefrata, kamarada, kunula [35]

PREPOZICIO kiel, simile al

seli

SUBSTANTIVO fajro; varmiga elemento de kuirilo, kemia reago, fonto de varmo

selo

SUBSTANTIVO ekstera formo, ekstera tavolo; ŝelo (de arbo, frukto, molusko), karapaco, haŭto; limo

[35] Noto de la tradukinto: *jan sama* (laŭvorte "simila persono") estas ofta esprimo por "frato, fratino, kamarado, egalulo, kunulo". Tial la difino enhavas la tradukojn "gefrata, kamarada, kunula".
La gefratoj de birdo estus *waso sama*, kaj se vi havus grupon da kamaradoj, eblus nomi ilin *kulupu sama mi*. Notu, ke por esprimi "fratina domo" (t.e. "domo de fratino") oni ne uzus *tomo sama* sed *tomo pi jan sama*.

seme

PARTIKULO kio? kiu?

sewi

SUBSTANTIVO spaco super io, plej alta parto de io, io pli alta

ADJEKTIVO miriga, dia, sankta, supernatura

sijelo

SUBSTANTIVO korpo (de homo aŭ besto), fizika stato, torso

sike

SUBSTANTIVO io ronda aŭ cirkla; pilko, cirklo, ciklo, globo, sfero, rado

ADJEKTIVO de unu jaro

sin aŭ *namako* [31]

ADJEKTIVO nova, freŝa; plia, aldona, kroma

sina

SUBSTANTIVO vi

sinpin

SUBSTANTIVO vizaĝo, antaŭo, muro

sitelen

SUBSTANTIVO bildo, figuro, simbolo, markaĵo, skribaĵo

sona

VERBO scii, koni, esti lerta pri, esti saĝa pri, havi informojn pri

ANTAŬVERBO scipovi

soweli

SUBSTANTIVO besto, surtera mamulo

suli

ADJEKTIVO granda, peza, longa, alta; grava; plenkreska

suno

SUBSTANTIVO suno; lumo, heleco, ardeco, brilo; lumfonto

supa

SUBSTANTIVO horizontala surfaco, io sur kio oni metas ion alian *suwi*

ADJEKTIVO dolĉa, bonodora; ĉarma, senkulpa, aminda

tan

PREPOZICIO fare de, el, pro

taso

PARTIKULO sed, tamen

ADJEKTIVO nur

tawa

PREPOZICIO al, iranta al, en la direkto al; por, al; laŭ la vidpunkto de

ADJEKTIVO moviĝanta

telo

SUBSTANTIVO akvo, likvo, fluaĵo, malseka substanco; trinkaĵo

tenpo

SUBSTANTIVO tempo, daŭro, momento, okazo, fojo, periodo, situacio

toki

VERBO komuniki, diri, paroli, uzi lingvon, pensi

tomo

SUBSTANTIVO endoma spaco; konstruaĵo, hejmo, domo, ĉambro

tu

NOMBRO du

unpa

VERBO seksumi, amori

uta

SUBSTANTIVO buŝo, lipoj, buŝa kavo, makzeloj

utala

VERBO batali, defii, konkuri kontraŭ, lukti kontraŭ

walo

ADJEKTIVO blanka, blankeca; helkolora, pala

wan

ADJEKTIVO unika, unueca

NOMBRO unu

waso

SUBSTANTIVO birdo, fluganta vivaĵo, besto kun flugiloj

wawa

ADJEKTIVO forta, potenca; memfida, nedubanta; energia, intensa

weka

ADJEKTIVO neĉeestanta, fora, ignorata

wile

ANTAŬVERBO devi, bezoni, devus ...i, voli, deziri

Aldonaĵo: *nimi ku suli pi pu ala*

Noto de la tradukinto: Ĉi tiuj ne-puaj vortoj estas menciitaj de pli ol 40 % de la respondintoj en esplorenketo, kiun Sonja faris en la tokipona komunumo. Vi povas mem elekti laŭ via propra stilo kaj prefero, ĉu vi volas uzi ilin. Se vi ŝatas la minimumismon de la pua stilo, vi povas bone elturniĝi sen la ĉi-subaj vortoj. Kaj aliflanke, se iuj aŭ ĉiuj el la vortoj plaĉas al vi, vi povas uzi ilin sciante, ke plejparto de la tokiponistaro komprenos vin senprobleme.

epiku	mojosa, mirinda
jasima	reflekti, renversa
kijetesantakalu	lavurso, musteloidoj
kin	ankaŭ, cetere
kipisi	dividi, fendi, tranĉi, dividaĵo, tranĉo, parto
kokosila	krokodili (paroli alian lingvon ol Tokiponon en tokipona medio)
ku	interagi kun *Toki Pona Dictionary* (libro de Sonja Lang)
lanpan	(for)preni, (ek)kapti, ŝteli
leko	kvadrato, kubo, bloko, ŝtupo, briko
meso	averaĝa, modera, meza, mezgranda, mezkvalita, ordinara
misikeke	medikamento, kuracilo, kuraci, pilolo, medicina
monsuta	timiga, timigaĵo, monstro, timinda sovaĝbesto, demono, maltrankviliga
n	hm, nu
namako	aldona, aldonaĵo, spico, salo, ornamaĵo, bonuso, kroma, speciala
oko	okulo, vidkapablo
soko	fungo
tonsi	neduuma, neduumulo, genre nekonforma persono, transgenrulo, interseksulo

En 2022 ĉi tiuj estis la plej oftaj signoj en *sitelen pona* por la apudaj ne-puaj vortoj. La komunumo ankoraŭ ne tute konsentas pri la signoj de ĉiuj vortoj ĉi tie, do atentu, ke la plej akceptata signo de iu vorto povus esti malsama post iom da tempo.

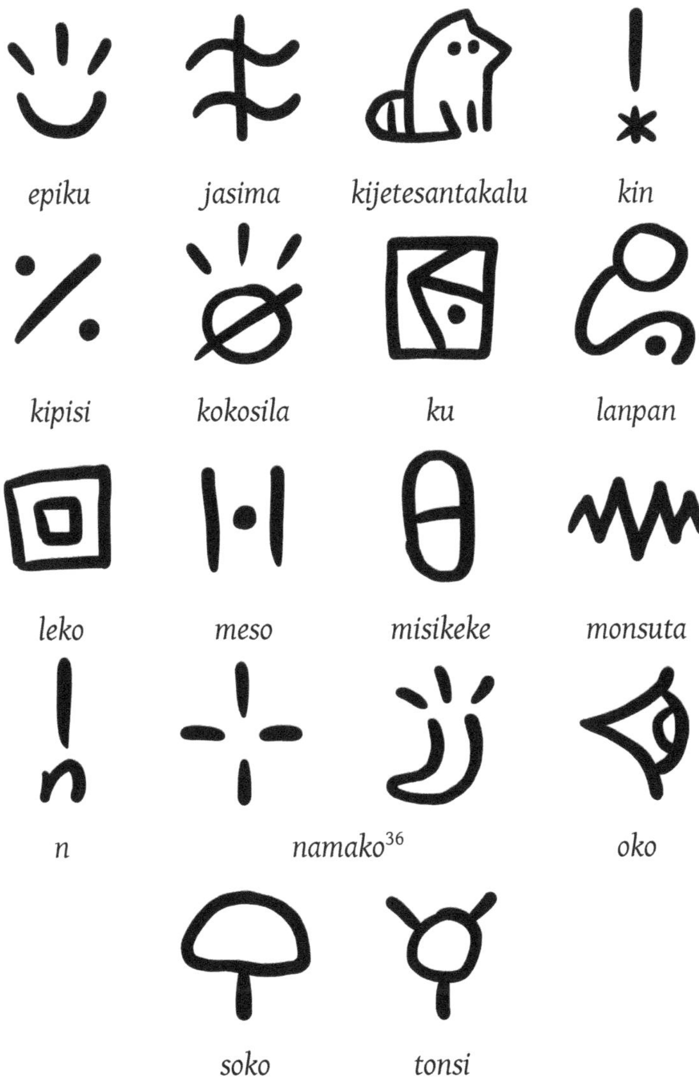

[36]La maldekstra *namako* estas uzata ekde 2016, kaj la dekstran Sonja elpensis por propra uzado kaj publikigis en 2022.

www.ingramcontent.com/pod-product-compliance
Ingram Content Group UK Ltd.
Pitfield, Milton Keynes, MK11 3LW, UK
UKHW041828200726
13854UKWH00002BA/877

9 789464 376098